Petite histoire

de l'île de Ré

ISBN 978-2-84561-675-2 – LUP 874

www.gesteditions.com

Petite histoire de l'île de Ré

David Canard

Geste éditions

À Virginie, Augustin et Victor
et en hommage à l'immense travail
de Pierre Tardy, historien de l'île de Ré.

Sommaire

Avant-propos

L'histoire de l'île de Ré est passionnante. Elle est marquée par l'insularité mais elle est aussi liée à celle du continent. À travers les siècles, les Rétais ont su surmonter les épreuves de l'isolement par leur solidarité.

Chaque endroit de l'île est un lieu de mémoire. En écrivant ces lignes, j'imaginais les assauts de l'océan ; l'abbaye des Châteliers au XIIe siècle, qui résonnait au son des chants grégoriens, ses moines vendangeant les vignes ; à Saint-Martin-de-Ré, en 1627, la lutte acharnée du général Toiras et de ses hommes contre les Anglais, dans la citadelle, lors du siège de La Rochelle, ou les lugubres départs des 70 000 futurs bagnards sur les quais du port ; plus au nord, dans les dédales des marais salants, les gestes séculaires des sauniers et à La Couarde, au début du XXe siècle, les premiers baigneurs profitant des plages…

Nombre de faits relatés ont été puisés dans des livres parus depuis plus d'un siècle, tous issus de documents anciens, qui, parfois, se contredisent.

Je dois ma plume à tous les chercheurs qui ont étudié cette riche histoire.

On peut citer, entre autres, le docteur Kemmerer, Marcel Delafosse et plus près de nous Yvonne Berriau, Jacques Boucard, Pierre-Philippe Robert… Ceci sans oublier les mécènes, ouvriers de la sauvegarde, comme Ernest Cognacq, né en 1839 à Saint-Martin, fondateur de la Samaritaine, qui a mis une partie de sa fortune pour la conservation du patrimoine rétais. Je salue également le travail des « mousquetaires », collectionneurs passionnés qui récoltent des documents au fil du temps, en recherchant toujours leurs origines. Grâce à leurs contributions, j'ai pu publier plusieurs livres.

Je voudrais spécialement rendre hommage au travail pharaonique de Pierre Tardy, sans qui cet ouvrage et bien d'autres n'auraient vu le jour. Ses recherches, publiées dans diverses revues, sont une mine inépuisable de connaissances.

Cette île, forte de son histoire, reste bien fragile.

Face aux décennies à venir, entre spéculation immobilière et gestion de l'environnement, il nous appartient, par respect, de la sauvegarder en passant outre les intérêts de chacun.

Cette fragilité est aujourd'hui son gage d'avenir.

Regardons dans le passé,
pour mieux prévenir,
son Avenir.

David Canard, Caen, 24 décembre 2009.

Origines de l'île de Ré

Période paléolithique

À l'époque géologique du quaternaire, le littoral avançait d'une cinquantaine de kilomètres vers l'Ouest, jusqu'au plateau de Rochebonne.

C'est à cet endroit que se jetait la Gironde ; le cours de la Charente se déversait dans la Sèvre qui passait entre ce qui deviendra les îles de Ré et Oléron, par ce qu'on appelle de nos jours le Pertuis d'Antioche, en formant ainsi un promontoire face à l'océan.

À la fin de cette époque, un cataclysme fut la cause d'une énorme scissure dans laquelle l'océan s'engouffra en créant une enclave maritime connue aujourd'hui sous le nom de golfe de Gascogne. C'est alors que les points les plus hauts surnagèrent, faisant naître les îles de Ré, Ars, Loix, Oléron, Aix et Arvert. Les côtes argilo-calcaires, plus résistantes à l'érosion, permirent la formation des anses, pointes et presqu'îles, comme les rochers de Chanchardon.

Période néolithique

Quatre mille ans après ce bouleversement, un autre changement eut lieu à l'inverse du précédent : un soulèvement lent et graduel d'une partie de l'écorce terrestre, fit naître la terre de bri et ses marais et la réunion de plusieurs plateaux. Pour l'île de Ré, on peut noter le plateau rocheux des Baleines, la pointe de Sablanceaux. Cette étape favorisa la croissance des arbres : on a trouvé de nombreux vestiges de bois dans les fonds marins, sous le Banc du Bûcheron ou dans les rochers de Chanchardon mais également des troncs de lignite (arbres fossilisés). La civilisation qui peupla l'île dans ces temps reculés laissa quelques traces : silex, hachettes... et mégalithes (structures de pierres montées sans mortier). Dans la forêt du Bois Plage, un tumulus oblong fut retrouvé et analysé au lieu dit du Peu (endroit élevé) Poiroux en 1853 ; il daterait de 1800 avant J.-C. D'une soixantaine de mètres, cette sépulture était composée de grandes pierres latérales d'une hauteur de trois mètres unies par des murets en pierres sèches, l'ensemble était recouvert par une arche. Il renfermait des os, des poteries funéraires, des cendres et des crânes. Le tumulus fut malheureusement détruit, seuls les vestiges des fouilles furent sauvegardées.

D'autres découvertes ont mis au jour des haches en bronze (1500 avant J.-C.) à Saint-Martin-de-Ré, et des épées en fer dans un tombeau de pierre découvert entre Saint-Martin et Le Bois. Ces éléments furent importés, leurs origines sont encore floues de nos jours.

Période gallo-romaine

On découvrit une voie romaine qui rejoignait Sainte-Marie à Ars. Elle était formée par de grosses pierres provenant d'un calcaire dur extrait aux alentours de La Couarde. Ces éléments étaient posés à plat et cimentés entre eux. Au lieu-dit *Les Burons*, sur la commune du Bois, lors de simples travaux, on retrouva des vestiges de villas romaines, garnies de tombes, vases, sculptures, fresques, mosaïques, etc. Dans le quartier de *La Bonnable*, une tour romaine, identifiée en 1862, reposait sur une couche de chaux vive. Les matériaux de ces constructions avaient été déjà réutilisés d'anciennes maçonneries. Un cimetière fut découvert en 1821 au Roulant (Le Bois Plage) mais il fut pillé sans avoir été étudié.

C'est sous le règne de l'empereur romain Tibère que trois cents baleines vinrent s'échouer à la pointe qui porte aujourd'hui ce nom.

En avril 1852, lors de vulgaires travaux de jardinage, une urne renfermant 800 monnaies de bronze à l'effigie d'empereurs romains fut extraite d'un jardin sur la commune de La Flotte.

Dernier cataclysme

À la fin du IIIe siècle, un ultime bouleversement façonna une nouvelle fois le plateau continental : un affaissement fut la cause d'une invasion de nos côtes par la mer. Les trois îles, qui modèlent de nos jours l'île de Ré, connurent alors leurs formes quasi définitives. Il paraît qu'il existe entre Ré et la Vendée, un tumulus au fond des océans qui aurait bravé ce dernier changement, dans les environs de Rochebonne. À l'époque des bateaux-phares, on distingua des pierres levées identifiées comme dolmen ou menhir…

Ces supputations donnèrent lieu à de nombreuses croyances. Ré est donc constituée de trois tables calcaires jurassiques : Saint-Martin-de-Ré, Loix et Ars.

L'abbaye des Châteliers

La fondation de l'abbaye

Plusieurs explications concernent la fondation de l'Abbaye des Châteliers.

Elbe de Mauléon, seigneur de Ré, fonda en 1153 l'église de Saint-Barthélemy qui est aujourd'hui la cathédrale de La Rochelle. Pour expier ses fautes, il fit ériger sur l'île de Ré une abbaye dédiée à la Vierge : Notre-Dame-de-l'île-de-Ré à la faveur des moines de l'ordre de Cîteaux, les Cisterciens. Isaac de l'Étoile se rendit sur l'île et demanda de plus amples terrains pour l'édification de l'ouvrage. Elbe de Mauléon accepta et les travaux furent lancés.

Il semblerait que l'abbaye ait été abandonnée vers 1574, et malgré sa courte vie, elle apparaît comme étant un des fleurons des établissements de l'ouest de la France.

L'ordre cistercien

L'ordre cistercien dépend toujours de l'ordre de Cîteaux dont l'origine remonte à la fondation de l'abbaye du même nom en Bourgogne en 1098. Dès lors, cet ordre s'est imposé dans tout l'Occident jusqu'à la Révolution.

La règle bénédictine de trois exigences était suivie à la lettre par l'ordre :

– la prière commune ;
– la lecture priante ;
– le travail.

Comme écrivit saint Bernard : « *On apprend beaucoup plus de choses dans les bois que dans les livres ; les arbres et les rochers vous enseigneront des choses que vous ne sauriez entendre ailleurs* ». De nos jours, la règle bénédictine est toujours respectée par plus de trente mille ecclésiastiques.

Les cisterciens avaient un mode de fonctionnement tout à fait particulier, qui ne leur faisait pas choisir un lieu par hasard : il fallait que l'endroit soit reculé tout en bénéficiant de fortes capacités pour exploiter des terres avoisinantes. La présence de l'eau était obligatoire. Les moines avaient ainsi plus de facilité que les paysans pour tirer profit des terrains récemment défrichés. Leur réussite brilla dans tout l'Occident, et cet ordre pouvait presque vivre en autarcie. Contrairement à ceux qui percevaient la dîme, les cisterciens refusaient de devenir des rentiers du sol. Lors de la construction, les religieux fabriquaient eux-mêmes, dans leurs fours, des carreaux d'argile pour les sols et leurs tuiles. Le style cistercien est réputé pour être simple et sobre. Le blanc était dominant, la couleur étant réservée aux enluminures.

Une abbaye en Ré

Le choix de l'île de Ré fut judicieux, la falaise sur laquelle repose l'abbaye surplombe les anses de La Flotte et de La Prée, qui constituaient un point d'accostage déjà fort usité. Des « colons » vinrent pour cultiver les terres. Ces derniers s'installèrent au milieu de l'île pour se protéger des incursions de pirates anglonormands et fondèrent le village du Bois. Il y avait aussi à proximité du village, une source d'eau au lieu-dit *Les Marattes*, situé sur la commune de La Couarde. Ce serait une des explications des nombreux vestiges retrouvés dans cette commune.

Après l'union de l'abbaye à la Congrégation de l'Oratoire, un document datant de 1623 rapporta qu'il n'y avait plus ni fenêtres ni fermetures dans l'église. Une étude de 1624 mit en évidence l'abandon du bâtiment et exclut toute restauration qui aurait été trop coûteuse. Mais la majorité des matériaux de construction de l'édifice furent réemployés pour l'élévation du fort de La Prée. Elle resta à l'état de vestige jouant le rôle d'amer, avec la peinture en noir et blanc des deux contreforts et de la façade, jusqu'en 1960. Les ruines consolidées commencèrent à être fouillées en 1967. Classée Monument Historique le 21 mai 1990, elle fut en partie restaurée en 1997 par le Conseil Général de la Charente-Maritime.

Les seigneurs de Ré

L'île de Ré était divisée en trois îlots: Ré, Ars et Loix. Elle connut, jusqu'à la Révolution, deux domaines féodaux bien distincts: les seigneuries d'Ars, Loix et Les Portes au Nord, domaine de l'abbé de Saint-Michel-en-l'Herm et la Baronnie de Saint-Martin, relevant des seigneurs de Ré au Sud. Les documents qui traitent des îles d'Ars et de Loix ont été détruits, on peut néanmoins penser que la vie quotidienne des habitants était similaire à ceux du sud, malgré une présence plus importante des salines.

Les Mauléon (1180 – 1270)

En 1180, Raoul III, fils aîné d'Elbe devint seigneur de l'île de Ré. Il n'eut de cesse d'augmenter les ressources de l'abbaye étant l'un des plus fidèles partisans de Richard Cœur de Lion, comte de Poitou et roi d'Angleterre. Il partit avec lui en croisade en 1190. Richard délivra Raoul des mains des Sarrasins lors du combat de Joppé (Jaffa). Un fléau dévastait les terres cultivées de Ré : les daims. Les habitants firent signer une pétition sous l'égide d'Alphonse, abbé de Ré, pour obtenir des droits de chasse de ces animaux qui étaient en principe réservés au seigneur. Raoul accepta, en gardant la jouissance de la chasse des lièvres et des lapins.

En 1200, Savary III de Mauléon reprit à vingt-cinq ans la seigneurie de l'île de Ré qui lui fut léguée par son père. Il hérita également des terres de Châtelaillon, Benon et Angoulins. À cette époque, Ré appartenait à l'Angleterre dont le roi était Jean sans Terre. Savary tenta de reprendre possession de ses biens mais fut surpris lors d'un combat et emmené *manu militari* dans une prison en Angleterre : le château de Corff. La vie était si rude dans ces cachots que 22 frères d'armes moururent de faim. Savary enivra ses gardiens, les tua à coups de hache et s'empara avec le restant de ses hommes du château. Le roi apprenant la nouvelle voulut en finir en envoyant son armée reprendre sa demeure. On lui conseilla de rendre sa liberté à Savary en échange de son dévouement à la couronne anglaise, tout en gardant en otage sa femme et sa mère pour une période d'un an. Savary fut nommé grand sénéchal du Poitou. Il était logé à La Rochelle, ville encore sous commandement anglais ainsi que l'île d'Oléron. Mais Savary retourna sa veste et fit serment de fidélité au roi de France en 1213. Ce dernier l'envoya avec une flotte en Flandres pour combattre les Anglais qu'il vainquit. Savary souffrant du manque de reconnaissance de cette victoire, décida de revenir vers les Anglais et se convertit une nouvelle fois, en prêtant serment à la couronne anglaise. Il s'illustra lors de nombreux combats et devint ainsi le chef de la moitié de l'armée anglaise. À la mort de Jean sans Terre, Savary revint en Poitou. Il partit en croisade après avoir pris le soin de rédiger son testament qui divisait la seigneurie rétaise en deux : Ré, Ars et Loix. C'est dans ce dernier qu'il légua sa seigneurie d'Ars à Saint-Michel-en-l'Herm, son abbé devint alors le seigneur d'Ars. En 1219, il participa à la bataille de Damiette, port égyptien, afin de soutenir les chrétiens assiégés par les Babyloniens.

Le nouveau roi d'Angleterre, Henri III nomma à son retour des croisades Savary sénéchal de Poitou et d'Aquitaine, en 1222. Il capitula au siège de Niort contre Louis VIII, roi de France, mais aussi lors de la bataille de La Rochelle et fut contraint d'ouvrir les portes de la ville. Savary se trouva dans l'obligation de se rendre au roi de France et de lui prêter serment de fidélité. Ré retrouva son identité française et Savary fut chargé de défendre les côtes et les îles. À la mort du roi de France, Savary changea à nouveau de loyauté, en commençant par piller tout le Poitou. Mais, ne suivant que ses intérêts, il changea à nouveau de souverain. Il semble que ce soit lui qui fonda les premiers articles des privilèges accordés aux Rétais. Après cette existence plutôt mouvementée, Savary passa la fin de ses jours dans l'île de Ré avec sa nouvelle femme : Amable. Elle hérita à sa mort en 1228, de la seigneurie et devint la première dame de Ré jusqu'à la majorité de leur premier fils Raoul en 1245 qui mourut cinq ans après. La seigneurie repassa alors sous l'autorité d'Amable pendant dix-sept ans. À son décès, la seigneurie revint à l'une de ses filles : Alix, qui était mariée avec Aimery IX, vicomte de Thouars. C'est ainsi que la seigneurie de Ré changea de famille pendant près de trois siècles.

Les Thouars (1270-1397)

En 1270, la Charte Guy de Thouars fut approuvée par Charles VI. Ces documents révèlent que la population rétaise a bénéficié de privilèges pendant une longue période, jusqu'à la Révolution. Toute l'organisation du quotidien se trouva ainsi transformée ainsi que les conditions de gestion des terres : les Rétais ne subissaient plus une soumission excessive, profitant d'un droit d'assemblée. Dans chaque paroisse pouvait se tenir des réunions politiques et des débats concernant les privilèges. Pour chasser, ils eurent une autorisation de posséder des chiens. Une indemnité unique est reversée au seigneur : dix sous par quartier de vigne. La pêche et les échanges bénéficient d'un statut particulier : aucune imposition n'est demandée. Ces privilèges contribueront à la fortune de l'île de Ré grâce à son commerce maritime. Par exemple, chaque vigneron gardait pour lui, exempt d'impôt, un tonneau de vin, une gerbe de blé et la totalité de sa production de fèves. Il pouvait jouir librement de son exploitation, la louer ou même la vendre sans taxes sur son fermage. Les prélèvements sur les cultures étaient à taux fixes.

Fait important pour la vie quotidienne des Rétais : la pêche à pied resta libre sur toutes les côtes de l'île.

Il est créé, dans le même temps, une milice rétaise qui était d'ailleurs l'un des buts de ces chartes, afin que l'île puisse assumer en toute autonomie sa sécurité. Un capitaine général, élu par la population, chapeautait la milice assurant la défense du territoire. La justice était appliquée par une cour de notables choisis par l'ensemble des Rétais.

Édouard 1er, roi d'Angleterre, envoya en 1294 une flotte sous le commandement du duc de Bretagne, en prétendant partir en croisade. Le 15 octobre, la flottille attaqua l'île de Ré et ravagea le territoire et ses habitants. L'abbaye paya un lourd tribut de cette offensive. En 1388, une nouvelle attaque cette fois-ci menée par le Lord Arundel, dévasta et pilla encore une fois ce qui subsistait de l'île de Ré.

Louis de Thouars, né en 1333, fils de Jehan de Thouars, fut fidèle au roi Philippe de Valois, notamment pendant la guerre contre Édouard III, roi d'Angleterre. Lorsque le Prince de Galles vint attaquer le Poitou, la royauté française avait changé et Louis de Thouars porta secours à Jean Le Bon lors de la fameuse bataille de Poitiers. Il survécut à une attaque fatale pour les Français, dont les conséquences modifièrent l'histoire de la région : le traité de Brétigny qui donna le Poitou et l'Aquitaine à Édouard III. Louis, malade, passa la fin de sa vie dans son château de Talmont, sujet à de graves crises de démence. Mais il ne laissa pas de fils pour reprendre la seigneurie, ce fut donc sa fille aînée qui en prit la charge : Péronnelle. Son mari, Amaury de Craon, fait prisonnier lors de la bataille de Poitiers, fut libéré des geôles anglaises.

Dès son retour, il se rallia à la couronne anglaise omniprésente et devint l'un des chefs de l'armée anglo-aquitanique. Un traité de soumission fut signé le 30 novembre 1372 entre les habitants de Ré et le roi de France. Amaury mourut un an après, et Péronnelle, surnommée *seins de lys* car elle avait la peau très blanche, resta trois ans à la tête du vicomté. Son veuvage attirant de nombreux prétendants, elle promit sa main au seigneur qui aurait fait le tour de France. C'est Tristan Rouault de Boismenard qui remporta ce défi et obtint la main de Péronnelle en 1376. Tristan, homme de guerre à la tête de seize chevaliers, cent trente et un écuyers et de multiples gens d'armes reçut du roi un don pour ses loyaux services et mourut en 1392 en laissant Péronnelle veuve pour la seconde fois de sa vie. Cette dernière succomba en 1397.

Les Ambroise et Trémoille (1397-1525)

Faute de descendance, la vicomté revint à son neveu, Pierre II d'Amboise qui eut un règne court. Son successeur et neveu, Louis 1er d'Amboise, connut une existence tumultueuse, refusant la main d'une des ses filles à l'un des favoris de Charles VI, Georges de la Trémoille. Après de multiples péripéties, le mariage fut célébré, mais avec la troisième fille de Louis 1er. C'est ainsi que la seigneurie changea encore une fois de famille, Louis 1er de La Trémoille fut comte de Benon, seigneur de Sully, de l'île de Ré et de Marans. Ce fut le premier fils de son second mariage qui reprit le flambeau après sa mort. Né le 20 septembre 1460, Louis II succéda à son père en 1483. Ce bel homme qui avait une passion pour la chasse se maria avec Gabrielle de Bourbon. En 1488, Charles VII le nomma chef de l'armée royale. Sa réussite au combat lui valut de nombreux honneurs, il remporta entre autres, en 1515, la première victoire à Marignan, mais y perdit son fils unique, ce qui fut fatal à son épouse qui succomba de chagrin. Il se remaria avec Louise Borgia sans avoir d'enfants. Louis II mourra lors du siège de Pavie, en 1525 à soixante-cinq ans. On le surnomma le *chevalier sans reproche*. En 1555, la baronnie passa aux mains de la famille Beuil qui la conserva jusqu'en 1670.

Le siège de 1627

Charles Ier, roi d'Angleterre décida en 1627 d'envoyer une flotte composée de plus de 100 navires formés en cinq escadres pour venir en aide aux protestants qui étaient assiégés à La Rochelle. Georges Villiers, premier duc de Buckingham, prit la tête de cette expédition avec 10 000 hommes. Le 21 juillet, les vaisseaux arrivèrent en rade de l'île de Ré.

Approche de Buckingham

Le duc avait la volonté de s'emparer de cette île qui lui ferait une excellente base arrière. Un débarquement fut commandé à la pointe de Sablanceaux.

Le territoire rétais n'était pas assez défendu pour faire face à une telle attaque : une seule citadelle à Saint-Martin, construite par Pierre de Conty d'Argencourt, ingénieur des fortifications royales, en 1625, se limitant à un fort carré avec quatre bastions sous les ordres de Jean Caylar d'Anduze de Saint-Bonnet, le maréchal Toiras. Toiras connaissait bien son domaine, il était depuis 1625 gouverneur de l'Aunis et des îles de Ré et d'Oléron. Il avait repris les travaux de fortification de la citadelle de Saint-Martin et achevé la rénovation de la redoute des Portes et du fort de la Prée. Ses troupes se composaient de 2 000 hommes d'infanterie du régiment de Champagne, d'un escadron de chevaux et de 250 nobles volontaires. 200 soldats résidaient au fort de La Prée. La bataille de Sablanceaux fut sanglante et expéditive : trois jours. Le Baron de Chantal, père de Mme de Sévigné alors âgée de 17 mois, et Rollin de Saint Bonnet, le frère de Toiras, y laissèrent leurs vies. Pendant cette période,

Toiras fit apporter le plus grand nombre de vivres dans la citadelle tandis que les Anglais envahirent l'île et isolèrent par la même occasion la citadelle en creusant des fossés pour que le siège soit rapide.

Le siège

Buckingham, installé à Saint-Martin, fit régner la terreur sur la population : toutes les barques furent réquisitionnées, la pêche interdite, les armes, vins et denrées retenues. Il menaça d'exterminer tous les vieillards, enfants et femmes qui représentaient des bouches inutiles. Toiras, pour sauver leurs vies, les accepta au sein de la citadelle, ce qui augmenta les besoins en nourriture. Dans les derniers jours du mois de juillet, quelques soldats tentèrent en vain de faire un ravitaillement pour la citadelle. Même les barques qui essayaient d'arriver par la mer furent coulées car les Anglais avaient tissé des câbles entre leurs navires. Fin août, la famine et le manque d'eau pesaient sur les effectifs enfermés dans les hauts murs de la citadelle, qui devint leur propre piège. Les militaires éreintés entamèrent une rébellion, mais Toiras prononça un discours dans la cour de la citadelle traitant les éventuels déserteurs d'infâmes.

Le 23 août, parmi les soldats assiégés, se présentèrent trois hommes décidés à traverser à la nage le pertuis pour rendre compte de cette périlleuse situation. Le maréchal de Toiras laissa faire ces trois nageurs de l'ombre. Il semble que c'était, en effet, le seul moyen de déjouer les Anglais. Les baigneurs, munis chacun d'une toile étanche pour envelopper une lettre du gouverneur, réussirent à gagner le fort de La Prée où résidait encore une garnison. Le commandant les encouragea vivement et ils reprirent la mer pour rallier La Rochelle. L'un d'entre eux se noya, le second fut attrapé par les Anglais et son message directement transmis au duc de Buckingham. Le troisième, dénommé Pierre Lanier accomplit cet exploit. Il arriva enfin près de la grève du moulin de Laleu et fut conduit au fort Louis où résidait le frère de Toiras, Laforest. Sa missive fut portée *manu militari* au duc d'Angoulême puis au Roi. Louis XIII, pour remercier ce nageur volontaire, lui attribua une pension annuelle de 100 écus.

De nombreux textes nous parlent de cette aventure, où l'on raconte les piqûres de poissons, les plongeons sous les chaloupes ennemies…

Le dénouement

Début septembre, la citadelle fut ravitaillée grâce à une flottille composée par Richelieu. Valin, le capitaine, apporta des munitions et des vivres et parvint à emmener femmes, enfants et blessés. Les Anglais ne lâchaient pas la pression sur la citadelle, le Duc de Buckingham envoya une lettre à Toiras pour l'inviter à se rendre. Les ennemis se rencontrèrent et se firent même des cadeaux !

Buckingham, excédé de cette curieuse situation, organisa l'ultime assaut. Le 6 novembre, 6 000 soldats anglais attaquèrent la citadelle qui ne comptait plus qu'un millier de militaires. Mais les hommes qui étaient en poste au fort de La Prée leur vinrent en aide causant de grosses pertes aux Anglais, on dénombra 900 décès. Buckingham salua la bravoure de son adversaire dans une nouvelle lettre.

Entre temps, deux importants convois arrivèrent des Sables-d'Olonne et de l'île d'Oléron pour prêter main-forte aux résistants de la citadelle. On comptait plus de 4 000 soldats dirigés par le maréchal de France Henri de Schomberg et 50 cavaliers d'élite. L'attaque fut rapide et sanglante. À La Couarde, les troupes aperçurent les Anglais battant en retraite, les escadrons furent littéralement déchiquetés au lieu-dit *La Passe*, malgré une résistance tentée au pont du Feneau (commune de Loix) qui n'était alors qu'une vulgaire construction en bois unissant le Fier d'Ars et la fosse Loidaise.

La revanche fut sévère, des soldats anglais furent poursuivis jusque dans les marais et leurs pertes terribles: 2000 hommes, 4 canons, 46 drapeaux et l'ensemble des chevaux de cavalerie. Buckingham fut le dernier, lui-même blessé, à rejoindre les navires pour battre en retraite. Pendant leur retour, 300 d'entre eux moururent et furent jetés par-dessus bord. Le 24 août 1628, Buckingham toucha terre à Portsmouth et fut assassiné par un puritain irlandais, Georges Felton, dès son arrivée. Felton brava le supplice, fut torturé et pendu en novembre 1628 pour cet assassinat à Tyburn, petite ville située à côté de Londres, célèbre pour plus de 50000 exécutions…

En 1629, Louis XIII ordonna de raser la citadelle détruite de Saint-Martin et fit conserver le fort de La Prée.

Le 14 mai 1643 fut une date dont les conséquences furent importantes pour les Rétais: la mort du Roi.

De 1656 à La Révolution

Les privilèges

Le siège de Bouquigant (sobriquet donné par les Rétais à Buckingham qui est encore usité de nos jours) fut suivi par une période beaucoup plus rude pour la population car les privilèges accordés aux Rétais furent réduits. Le premier événement fut une augmentation sur les droits du sel exporté par les Rétais, voulue en 1656 par l'intendant de Mazarin, Colbert de Terron. La taxe s'alignait sur celle perçue à Brouage. La population rétaise réagit avec violence contre cette charge : l'un des premiers, le curé d'Ars, fit figure de résistant car quatre hommes furent nécessaires pour le tenir hors d'atteinte et le désarmer…

On note aussi l'assassinat d'un huissier de La Rochelle venu sur l'île pour collecter cette contribution. Le sénéchal tenta vainement de le protéger mais il fut battu à mort dans les rues de La Flotte par les Rétais en colère.

Malgré tout, les privilèges restaient plus importants que sur le continent et cette situation ne semblait plus pouvoir durer : de nombreux fermiers jalousaient ce statut très privilégié des Rétais.

La milice rétaise

La vie militaire avait changé depuis le siège : désormais des troupes royales veillaient au grain, mais la garde rétaise était toujours en place. Le rôle des Rétais était de venir en renfort de la garde royale car il leur appartenait de défendre leur territoire. Les hommes de 16 à 60 ans avaient une obligation de service sous le commandement de leurs notables. Les milices rétaises se coordonnaient de mieux en mieux, près de 600 soldats sur un effectif de quatre mille hommes montaient la garde chaque jour pour protéger leur territoire. Chaque Rétais était armé et pouvait à tout moment prendre son poste de garde ou de combat. Ces effectifs militaires furent très appréciés par les autorités, permettant aux habitants de rester soudés. Cette milice est sans doute l'un des piliers de la solidarité insulaire.

Les fortifications

Les fortifications rétaises furent à nouveau restaurées, on reconstruisit en 1665 le fort de La Prée. En 1674, Sébastien Le Prestre de Vauban fit son premier voyage sur l'île de Ré. Pour se déplacer, (il passait en moyenne 150 jours par an sur les routes !) Vauban imagina une basterne sur mesure : chaise de poste portée sur 4 brancards par 2 mules. Il y était assis avec ses papiers et son secrétaire en face de lui. Il décida de fortifier les redoutes du Martray, de Sablanceaux. Ces constructions quadrangulaires étaient situées aux 3 points importants pour la défense de l'île.

Mais l'apogée de la construction militaire débuta en 1681 avec l'édification dictée par Vauban des fortifications et de la citadelle de Saint-Martin.

Vauban a publié un mémoire : l'instruction du 31 juillet 1681 où il développa avec une magnifique précision l'art et la manière de bâtir la nouvelle ville de Saint-Martin et faire face à un éventuel débarquement.

Un autre rôle stratégique anima l'île de Ré : défendre le tout récent port de Rochefort édifié en 1660, sur les ordres de Colbert. Ce serait l'une des bases de l'escadre du Ponant, grande rade protégée par des îles et accessible par les pertuis. Vauban souhaitait pour l'île de Ré un ouvrage qui puisse accueillir, en cas d'attaque, toute la population rétaise, passant outre les problèmes récurrents de religions. Il y avait aussi un jugement d'économie dans le choix de Saint-Martin, car on pouvait reconstruire sur les fondations de l'ancienne forteresse, le sol étant déjà ameubli. Il écrivit : « *Il doit nécessairement résulter qu'on espargnera au moins un grand tiers pour ne pas dire la moitié de la despense qu'on feroit a cette place sy on la fortiffioit suivant toutte la rigueur des regles… de pouvoir estre mise au nombre des meilleures places du royaume et des plus belles* ». En effet, on réutilisa un tiers des remparts.

L'immense chantier

Vauban fut aidé de 3 ingénieurs : Ferry, Gerval et Augier.

Vauban mobilisa toutes les forces vives de Ré : la totalité des artisans et des hommes aptes de l'île furent réquisitionnés. L'ensemble fut complété par des manœuvres et ouvriers venus du continent pour ce gigantesque chantier qui se déroula de 1681 à 1685. C'est donc plus de 15 000 personnes, aidées de 3 000 chariots, qui édifièrent les fortifications. La première pierre fut posée le 29 juin 1681. Le corps de la citadelle fut monté en six semaines.

Deux périodes étaient exemptées de travaux : les moisons et les vendanges.

En 1685, Sébastien Le Prestre de Vauban donna encore des précisions pour améliorer la construction dans son « addition au projet général ». Il rajouta, outre une revue des prix, le petit port qui fait face à la citadelle et la poudrière, désarmée seulement en 1925. On connaît la passion de Vauban pour la justice sociale, elle s'illustra jusque dans l'île de Ré en 1692. Ce fut une très mauvaise année pour les vendanges, le tarif du vin passa de 10 francs le tonneau à 75 francs. Vauban fit alors distribuer du blé pour venir en aide à la population.

En 1696, les Anglais réapparaissent devant les côtes rétaises. Le roi Louis XIV, en guerre contre l'Angleterre et la Hollande, ordonna une défense sévère orchestrée par le maréchal de Tourville, commandant les côtes du Ponant à la tête d'une armée navale de 93 navires qui fit fuir les Anglais malgré deux jours de bombardement.

Ré à l'aube de la Révolution

Le commerce

À la veille de la Révolution, l'île de Ré sortait d'une pleine période d'effervescence. Les ports rétais recevaient la visite de nombreux navires de négoce : Hollandais, Scandinaves, Anglais qui chargeaient du sel et du vin, transporté également par les Bretons à la faveur du cabotage (navigation marchande à faible distance des côtes). Malgré la médiocrité de la qualité du vin, il était vendu pour être transformé en eau-de-vie.

L'aventure tendit les bras aux Rétais, en 1665, lorsque 70 d'entre eux s'embarquèrent pour aller travailler au Canada.

De grandes familles virent leur essor grâce au commerce : la veuve du sieur des Marattes (La Couarde) fit fortune au Sénégal. Certaines ont bâti leur richesse jusqu'à Saint-Domingue, c'est entre autres le cas de la famille

Baudin qui, avec les revenus du trafic des esclaves, monta une lucrative affaire de plantations. L'opulence des marchands rétais permit la construction d'imposantes propriétés qui existent encore de nos jours : La Croix Blanche au Bois, Le Vert-Clos à Saint-Martin, etc.

Le petit peuple, contrairement au continent, n'était pas trop misérable car la proximité de la mer améliorait toujours l'ordinaire. La situation économique mondiale changea la donne, particulièrement quand les exportations de sel furent en régression à cause des incessants conflits. L'augmentation des taxes n'aida pas à la reprise. En 1786, les sauniers ne perçurent pas de salaires. Le vin déclina de la même façon : les cours furent au plus bas entre 1778 et 1787, il devenait alors de plus en plus difficile d'exporter les eaux-de-vie.

La vie sociale

Pendant ces périodes de conflits et de constructions, une autre source de désaccord menaça la tranquillité des Rétais : les religions. Les protestants représentaient en 1667 plus de 3 000 personnes, généralement haut placées, qui comptaient aussi dans leurs rangs des Hollandais venus pour le commerce.

Le 18 octobre 1685, Louis XIV révoqua l'Édit de Nantes ce qui fit baisser sensiblement le nombre de réformés sur l'île. Certains d'entre eux émigrèrent en Angleterre, Irlande, Amérique... L'atmosphère générale se dégrada fortement. Après avoir enlevé un pasteur et clôturé un cimetière, on ferma le temple de Saint-Martin. Les protestants restés sur Ré purent se réunir et recevoir la visite de pasteurs itinérants. Ils acceptèrent de faire baptiser leurs enfants par des prêtres catholiques.

L'abbaye des Châteliers, en ruine depuis la construction du fort de La Prée, vit ses biens passés sous ordre de l'Oratoire de Paris. C'était la plus importante bénéficiaire des droits seigneuriaux de l'île de Ré possédant les paroisses de La Flotte, Sainte-Marie, le Préau, et certaines parties de La Couarde. L'Oratoire pouvait compter également sur le quart de tous les poissons pêchés dans les seigneuries d'Ars et Loix, une taxe de passage au continent, une redevance sur les naufrages et un droit d'écluse.

On dénombra en 1790 plus de dix-sept mille résidents sur l'île. (Ce chiffre est à peu prés égal à la population de nos jours !)

Deux loges maçonniques, montées par les grands négociants et riches propriétaires, veillaient sur les intérêts des Rétais : à Saint-Martin, La Sagesse et à La Flotte, Les Amis de l'Ordre. Nombreux étaient les échanges, on y abordait les problèmes du commerce, et la proximité des garnisons complétait les discussions.

L'organisation du territoire

Deux états-majors régnaient : dans la citadelle et sur le territoire. En 1780, à Saint-Martin, une école militaire fut créée : la compagnie des Cadets gentilshommes, qui formait des officiers coloniaux pour la Marine.

Les écluses à poissons furent une source de subsistance indispensable à la vie des Rétais. Ces enceintes, construites en pierres sur le bas du platin, permettaient d'attraper du poisson lorsque la marée descendait. Attestées dans l'île dès le début du Moyen-Âge, on en dénombrait 118 en 1727. Une écluse et sa pêche étaient toujours partagées par plusieurs familles ; la part d'écluse se transmettait par les garçons.

En 1735, un fermier tenta de créer des zones bien délimitées pour percevoir plus de redevances pour l'abbaye. Levée de boucliers des habitants et du curé, plus de deux cents femmes armées de fourches fouettent et chassent le paysan et ses commis. L'agitation gagna Sainte-Marie où la rumeur disait qu'il y aurait un impôt sur les marchandises. Le contrôleur fut sévèrement frappé.

Depuis 1785, les biens de la baronnie avaient été cédés par son dernier baron, le comte de Pusigneux contre rente, au domaine de la Couronne de Louis XVI.

Les seigneuries d'Ars, Les Portes et Loix étaient la propriété du collège Mazarin, institution ecclésiastique qui dépendait de la Maison de La Sorbonne. En 1789, les charges féodales des paroisses du nord furent prélevées sur le sel produit des marais, les vignobles et autres cultures.

La justice avant la Révolution était rendue par le sénéchal assisté par un procureur fiscal, le chef militaire étant le gouverneur. Le sénéchal avait aussi la responsabilité d'afficher les ordonnances. Sous ses ordres, des sergents faisaient office d'huissiers, garde municipale.

De nombreux témoignages écrits attestent que les conditions climatiques furent éprouvantes : 1784 vit une lourde sécheresse, l'hiver 1788-1789 fut si rude que quantité d'huîtres moururent. Le 14 novembre 1789, un grossiste d'Ars, Masseau, déplorait « *la grande misère actuelle, la triste fin d'année…* »

Gustave Dechézeaux

Gustave Dechézeaux est né à La Flotte le 8 octobre 1760, de parents d'obédience protestante. Son père était négociant en bois et en sel et sa mère rochelaise descendait d'une famille de financiers. En 1784, il fondit sa propre affaire et adhéra à la franc-maçonnerie. Son parcours politique fut fulgurant : en 1789, il était électeur pour la nomination des députés du Tiers état de la Sénéchaussée de La Rochelle et l'année suivante, il commanda la garde nationale de l'île de Ré. En 1792, ce député de la Charente Inférieure fit planter le premier arbre de la liberté dans le village des Portes, et fonda dans sa ville une société populaire, affiliée au Club des Jacobins de Paris. Il a grandement participé au démontage de la statue de Louis XV qui était en place à Saint-Martin. Mais son engagement révolutionnaire lui fut fatal : il fut accusé de conspiration contre la Convention et exécuté à Rochefort le 17 janvier 1794 à l'âge de trente-quatre ans. Sa dernière lettre donne bien le ton de ses pensées : « *Deux partis avaient divisé la République. Dechézeaux ne voulut s'attacher ni à l'un ni à l'autre. Il dit ce qu'il pensait sans ménager personne. Il crut qu'il fallait s'en tenir à la vérité, il osa le dire et sa tête fut proscrite* ». Réhabilité par la Convention le 18 avril 1795, une statue lui rend désormais hommage dans le square Mérindot, à La Flotte.

Le XIXe siècle

Les prêtres réfractaires

Pendant la Révolution, un grand nombre de prêtres dans toute la France refusèrent de prêter serment de fidélité aux principes de la Constitution civile du clergé. Par décret du 12 juillet 1790, l'Assemblée nationale constituante déclara que le clergé appartenait à la royauté constitutionnelle. La moitié d'entre eux n'ayant pas signé ce document, en 1791, des mesures de représailles furent mises en place. Ces ecclésiastiques devinrent alors les réfractaires.

Les prisons de Bordeaux regorgeaient de réfractaires du Midi et du Centre. Ceux provenant de l'Est et du Nord furent transférés dans les deux geôles de Rochefort : Saint-Maurice et Les Capucins, puis sur les deux vaisseaux le *Bonhomme Richard* et le *Borée*. Cette détention sur les pontons dura 11 mois.

Ils devaient être ensuite transportés au bagne de Guyane selon la loi du 15 août 1792. Mais les Anglais veillaient sur les rades alentour, et les bateaux devant faire cette transportation ne purent franchir ces barrages. Cette situation fut le salut de certains des prêtres, car si les Anglais arraisonnaient les navires, ils libéraient sur le champ les ecclésiastiques prisonniers.

La captivité à Rochefort était tellement terrible que quand le jour du départ arrivait pour certains, ils pensaient que les conditions du trajet seraient meilleures. Et pourtant, après un départ le 22 septembre 1797, l'arrivée à Cayenne ne fut que le 11 novembre…

Les conditions de détention n'étaient pas améliorées avec la proximité de forçats condamnés au même sort. Le bâtiment *La Charente* appareilla le 12 mars avec 193 déportés, dont 155 prêtres. Les Anglais leur barrèrent la route et un combat violent s'engagea devant Arcachon. *La Charente* se réfugia dans la Gironde, on changea de navire, et ce n'est que le 9 juin que ce convoi accosta à Cayenne. Le 1er août, un autre bateau fut assailli par les Anglais, les prêtres retrouvèrent ainsi leur liberté, mais à Plymouth !

La décision fut alors prise d'arrêter la déportation vers Cayenne. Sur 4000 hommes d'Église, seuls 300 arrivèrent en Guyane. Les déportés, forçats et prêtres furent alors internés à Ré et Oléron.

La citadelle de Saint-Martin-de-Ré allait devenir une prison redoutable pour ces hommes. Le 26 octobre 1797, la municipalité vota un budget pour que chaque détenu puisse bénéficier d'une soupe, un sou et six deniers. Le 24 mai, à l'annonce de nouveaux arrivants, l'hôpital Saint-Louis fut réquisitionné ainsi que son personnel. (On peut encore voir de nos jours le portail en pierre derrière la Porte des Campanis). Le 7 août 1798, 150 prêtres arrivèrent du Mont-Saint-Michel, suivis par une centaine de Belges et des laïcs, dont femmes et enfants.

L'organisation fut vite débordée par le nombre de prisonniers : le 2 décembre 1800, on dénombra 1156 prêtres détenus à Saint-Martin. Le pain manqua, puis le vin, on fut même sans vivres pendant deux jours. La population vint en aide aux détenus. Ils disposaient d'une liberté relative, certains traversaient la ville de la citadelle à l'hôpital, les Martinais en profitaient alors pour offrir quelques denrées en dépit de la disette qui régnait sur l'île. Les séquestrés ne se plaignaient guère de ces rudes conditions. Trouvant la force dans leur foi, ils organisèrent des conférences au sein de la forteresse et célébrèrent la messe avec des bols et des verres donnés par les citoyens, qu'ils transformèrent en objets de culte. Bonaparte, Premier Consul, prit un arrêté pour le retour des déportés de Guyane puis, à la suite d'un traité signé avec le Vatican en juillet 1801, la libération fut entérinée.

La citadelle fut évacuée petit à petit, car les prêtres restèrent incarcérés jusqu'en 1802. Certains libérés ont logé chez l'habitant, perpétuant cette entraide des Rétais avec les détenus. 61 moururent à Saint-Martin, leurs corps furent enterrés en bordure des remparts, personne ne sait où. Dans l'église de Saint-Martin, un imposant autel rappelle cette tragique histoire.

Un personnage encore méconnu, Nicolas Baudin

Le 17 février 1754 naissait à Saint-Martin-de-Ré, Nicolas Baudin. Cinquième enfant d'une fratrie de 14, d'une famille de négociants, ce Rétais fut un marin et un explorateur avec un parcours hors du commun. En 1775, cadet des troupes coloniales, Nicolas Baudin s'embarqua à bord du *Flamand* en direction de Pondichéry (Inde) en qualité de fourrier (chargé de l'intendance). N'ayant pas obtenu le grade de lieutenant, le commandement d'une frégate lui fut retiré au profit d'un noble et Baudin démissionna de la Marine Royale. Naviguant au commerce, il devint le capitaine du bâtiment *La Pepita,* battant pavillon espagnol en 1786.

Arrivé au cap de Bonne-Espérance (Afrique du Sud) en 1787, Baudin rencontra Franz Boos, le jardinier et botaniste de l'empereur d'Autriche, et il accepta la lourde responsabilité de rapporter ses échantillons botaniques destinés aux jardins de Schoenbrunn. En 1788, Baudin acheta le navire *La Jardinière* et constitua une collection personnelle, développant sa passion des sciences naturelles. Le 4 août 1798, il réintégra la Marine Royale comme capitaine de vaisseau.

En 1800, il fut nommé commandant en chef d'une mission aux Terres australes avec deux corvettes: *Le Naturaliste* et *Le Géographe.* Une vingtaine de botanistes et scientifiques furent embarqués et l'expédition, partie en octobre, arriva en mai 1801 sur le littoral australien. Commencèrent sur la côte ouest une série inédite de relevés géographiques, hydrographiques, botaniques, zoologiques, minéralogiques et astronomiques…

Une rencontre fit date dans ce voyage : le gouverneur de Nouvelle-Galles (Angleterre) avait également missionné le navigateur Matthew Flinders pour explorer ces côtes. Les navires se croisèrent et les capitaines se rencontrèrent en toute courtoisie, échangeant de nombreuses expériences, malgré leur ancestral antagonisme. D'autres points communs rassemblaient les deux marins : leurs bateaux en piteux état, leurs équipages éreintés.

Le trajet du retour obligea les deux corvettes remplies de collections diverses et variées à se séparer. Au cours de la navigation, Nicolas Baudin, malade depuis des mois de la tuberculose, décéda lors d'une escale à l'île de France (île Maurice), le 16 septembre 1803.

L'expédition rentra sans capitaine et les considérables relevés géographiques et végétaux ramenés firent la gloire des scientifiques. La mort de Baudin, si loin, est sans doute l'une des raisons qui expliquent que les exploits de ce Martinais, qualifié par Dumont d'Urville « *d'un homme de caractère et de résolution* », sont largement méconnus en France. C'est à

Nicolas Baudin que l'on doit l'introduction en France du mimosa, de l'eucalyptus et de centaines d'autres espèces tropicales.

Les militaires

Durant le Consul et l'Empire, l'île de Ré accueillit de nombreuses troupes détachées de l'armée des côtes et de la région du Midi. Des navires anglais croisaient au large des pertuis, arraisonnant de temps en temps des barques de pêches. Napoléon instaura l'état de siège en mars 1811 qui durera quatre ans. Plus de 16 000 conscrits furent rapatriés sur l'île et entassés dans les bâtiments militaires.

Les épidémies de choléra

L'année 1832 débuta par une épidémie de scarlatine, mais le choléra fut signalé dans l'île de Ré dès le mois de juillet. La première vague de pandémie sévissait en Europe et arriva en Charente Inférieure très rapidement (le choléra est une infection intestinale aiguë dont la période d'incubation est très courte). Tout commença avec le débarquement de deux malades d'un navire à vapeur, le 8 juillet. Sous la canicule, la maladie se propagea diligemment. Le 19 septembre, on dénombrait 114 décès. Toutes les communes furent touchées l'une après l'autre, on dénonça l'insalubrité des égouts qui, souvent, passaient sous les maisons. Des mesures d'hygiène furent immédiatement appliquées : nettoyage des rues et des ruisseaux, enterrement de tous les déchets ménagers. Une seconde épidémie frappa l'île en 1834 faisant 1 501 cholériques dont 970 décédèrent, ce qui porta le taux de mortalité à 53 %. La ville de Saint-Martin, plus protégée, fut moins affectée, mais à La Couarde et au Bois, le ratio atteignit 66 %. Le pourcentage le plus élevé revint aux villages du nord. Plus d'un habitant sur dix y a succombé. On fit appel à la bonne volonté de tous mais des familles entières furent emportées. L'épidémie frappa en priorité les enfants, les vieillards et les femmes. Un remède utilisé était la pose de sangsues qui se gorgeaient de sang sur les parties les plus touchées. Les saignées étaient aussi très pratiquées.

En novembre, l'épidémie s'acheva. À la suite de ces nombreux décès, la natalité explosa.

Ces périodes troublées ont resserré les liens qui unissent les Rétais, créant de nombreuses sociétés de secours mutuel. Des sœurs de la Charité sont envoyées pour venir en aide dans plusieurs communes aidées par des subventions communales. On fonda également des comités de bienfaisance.

En 1848, les premières élections au suffrage universel furent organisées pour l'Assemblée constituante. Le canton de Saint-Martin battit un record de participation, sans doute une réminiscence des anciennes assemblées.

De 1849 à 1853, un monument fut élevé à la pointe nord de l'île, pour remplacer la tour des Baleines, fatiguée de ses deux siècles de service : le phare des Baleines. Monté en pierres calcaires de Crazannes, Saint-Vaize et du Douhet, il fut allumé le 15 janvier 1854 équipé d'un appareil lenticulaire tournant de Fresnel.

Durant cette période, une maladie ravagea les vignes plantées dans le sable : l'oïdium. Ces champignons, qualifiés de maladie blanche, parasitent les plants et la récolte fruitière en est réduite. On traita les cépages par le soufre. Les Rétais utilisaient comme engrais le sart (les algues) récolté sur les côtes sud. Il devenait du compost ou était étendu entre les pieds de vignes. On voyait ainsi lors des grandes marées un défilé de charrettes qui remontaient des tas de varech en arrière dune. Chaque agriculteur avait son tas identifié grâce à un outil laissé sur le tas. Il fallait attendre que le sart se soit « égoutté » par l'évaporation de l'eau de mer qu'il contenait, pour ensuite le ramasser une nouvelle fois et l'épandre dans les champs. Cette méthode fut pratiquée de manière récurrente, assurant ainsi un fertilisant naturel et gratuit.

Souvenirs d'Eugène Fromentin

En 1862, le peintre et auteur Eugène Fromentin fit un voyage sur l'île. Ses notes, publiées récemment, donnent une curieuse description des Rétais. « *Ses habitants, nous savons d'eux ce que nous en voyons tous les jours, et il faut dire que ce n'est ni le plus exact ni le plus noble côté de leur physionomie. Ils arrivent chez nous endimanchés, désœuvrés, presque invariablement ridicules ; avec des habits surannés, des parapluies en toutes saisons, des allures que nos*

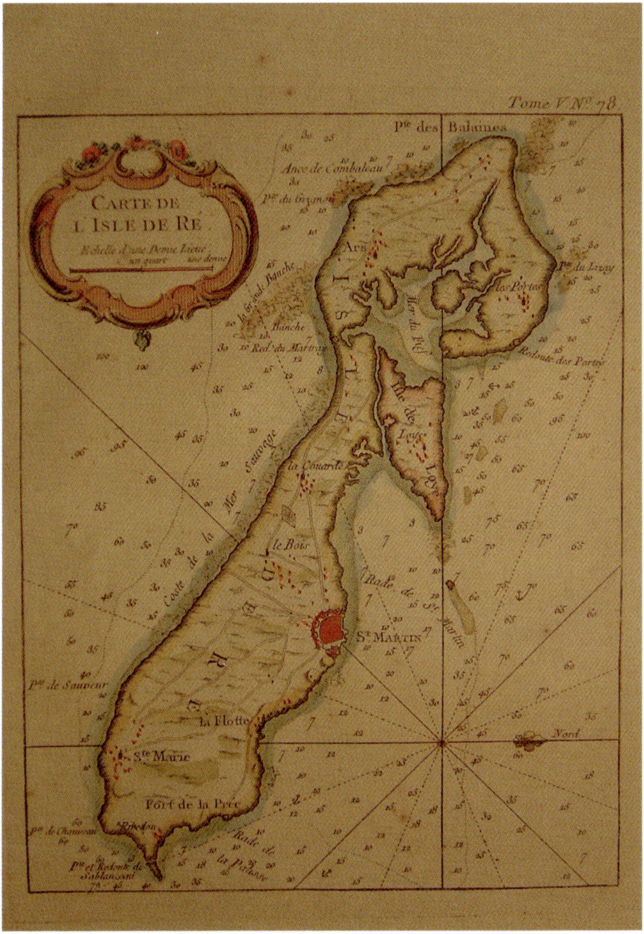

Carte marine de l'île de Ré de Jacques-Nicolas Bellin de 1761. On distingue « l'île de Loye » et nettement, les fortifications militaires.
Coll. A. Gaudillat

1898. La récolte du sart (algues), utilisé comme engrais, était souvent faite à La Couarde. Coll. D. Canard

L'Économique des Charentes en gare d'Ars, le long des quai du port. Sur cette image, la locomotive de N°33.
Coll. J.-C. Héraudeau

Le petit train en gare de La Couarde, située sur l'actuelle route départementale, en direction du Bois-Plage. On voit au premier plan à gauche, un des mécaniciens.
Coll. D. Canard

Dans le port de Saint-Martin, de 1960 à 1979, un bateau proposait de déguster des crêpes : le Doux Zéphyr.
Coll. J.-C. Héraudeau

La tour des Baleines, en 1898, était presque recouverte de lierre. On distingue à son sommet le feu tournant qui s'arrêta en 1854 lors de la mise en service du phare des Baleines.
Coll. D. Canard

L'ancienne jetée du phare des Baleines au lieu-dit Le Chaume. Elle fut édifiée pour la construction du phare du Haut-Banc du Nord, situé en mer, en 1850. Une étude a été lancée récemment pour, éventuellement, la reconstruire. Coll. D. Canard

La plage de La Couarde au début du siècle. Dans la dune, le chalet Macabiou dit « Mistinguett » édifié en 1890.
Coll. D. Canard

Vue du débarcadère de Sablanceaux lors de l'accostage d'un bac.
Coll. J.-C. Héraudeau

Brick goélette dans le port d'Ars au début du XXe siècle. C'est ce type de navire qui assurait le cabotage.
Coll. J.-C. Héraudeau

Une famille d'estivants (baigneurs) sur la plage de La Couarde en 1898, devant leur cabine.
Coll. D. Canard

Des tirailleurs sénégalais posent devant la Porte Royale de la citadelle dans les années 1930. Coll. D. Canard

La citadelle de Saint Martin de Ré, identifiable à sa forme étoilée, abrite des bâtiments qui sont aujourd'hui une maison centrale. Ce cliché date des années 1960.
Coll. A. Diédrich

Le forçat cul-de-jatte Bernard, embarquant pour la Guyane. Il a longtemps été question de la véracité de cette photo, mais on sait maintenant avec certitude que cet homme était bien un détenu. Coll. D. Canard

Ce vieil homme revient de la pêche. Il s'appuie sur son sabre qui lui sert à soulever les pierres pour trouver des battants (étrilles). Coll. D. Canard

On utilisait pour les vendanges cet âne qui, pour se protéger des moustiques, portait des culottes. Cette tradition est devenue l'emblème de l'île de Ré. Coll. J.-C. Héraudeau

Costume de noce pour cette Rétaise. Les mariés portaient une coiffe dite *dormeuse*.
Coll. D. Canard

Le bœuf était beaucoup utilisé pour les attelages agricoles.
Coll. A. Diédrich

L'usine à varech de Saint-Clément transformait les algues en engrais, de 1898 à 1914.
Coll. J.-C. Héraudeau

Le paquebot *Champlain*, au départ du Havre et à destination de New York.
Coll. J.-C. Héraudeau

Le radar Wûrzurg Riese. Sa cabine comportait les équipements de radio et appareil de pointage. Il était l'un des deux radars situés aux abords du sémaphore des Baleines, très efficace pour la surveillance maritime.
Coll. S. Havard

La tour Karola, haute de 26 mètres, équipée de sa coupole blindée qui protégeait le télémètre télescopique.
Coll. J.-F. Jomain

La plage de La Cible à Saint-Martin défendue par les « asperges de Rommel », les piquets anti-débarquement.
Coll. A. Diédrich

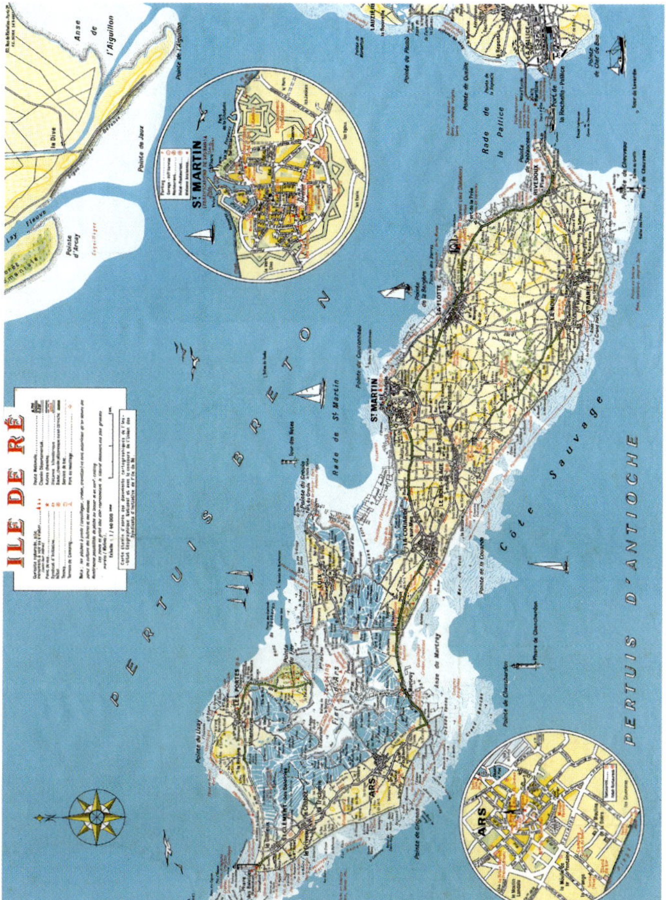

Carte touristique de l'île de Ré parue dans les années 1950.
Coll. D. Canard

Le phare de Chauveau lorsqu'il était peint en amer dans les années 1960.
Coll. J.-C. Héraudeau

La cheminée du Champlain avant son démontage présentait un danger pour la navigation en rade du port de commerce de La Pallice.
Coll. J.-C. Héraudeau

La Pergola dans les années 1950.
Coll. A. Diédrich

La rue de l'Olivette à La Couarde dans les années 1950.
Coll. D. Canard

Un des campings d'Ars dans les années 1950.
Coll. A. Diédrich

Repas pendant les colonies de vacances *Horizons de France* à Sainte-Marie-de-Ré. Ces enfants venaient de Châteauroux.
Coll. A. Diédrich

Départ du bac du débarcadère de Sablanceaux.
Coll. S. Havard

Repos pour ces estivants sur le port de Saint-Martin dans les années 1960.
Coll. famille Schmitt

Un des nombreux mini-golfs montés dans les années 1960 sur le thème des fortifications.
Coll. A. Diédrich

Un vieux pêcheur prend la pose dans le port de La Flotte.
Coll. A. Diédrich

La récolte du sel s'est largement mécanisée dans les années 1960.
Coll. J.-C. Héraudeau

Le port d'Ars dans les années 1970. Sur le quai, l'ancienne gare du petit train.
Coll. C. Rabanit

Les « aoutiens » ont envahi les plages !
Coll. J.-C. Héraudeau

Le Nescanard attirait de nombreux enfants pour une virée en mer au départ des plages de La Couarde.
Coll. A. Fillon

La toute première location de vélos dans les années 1960 se situait au Bois-Plage. Coll. D. Canard

Vue aérienne des fortifications de Saint-Martin, désormais classées parmi 12 autres sites au patrimoine mondial de l'humanité par l'Unesco depuis le 7 juillet 2008.
Photo Gilles Roger

La nef centrale de l'abbaye des Châteliers en 1950.
Coll. D. Canard

paysans n'ont plus. Ils ont les yeux noirs, le teint plus fauve et plus hâlé, un parler gras qui les fait reconnaître, ils portent des coiffures qui font sourire ; ils vont, pieds nus, leurs souliers à la main, usage intrépide qui s'accorde chez eux avec leurs habitudes amphibies et qui jure avec nos chemins poudreux ; très paysans, d'ailleurs, mais à leur manière, et reconnaissables entre mille. Transportez-les dans nos communes, acclimatez-les sur nos terres, fixez-les dans nos villes – et il y en a, surtout des servantes – jamais vous n'effacerez ce je-ne-sais-quoi qui fait qu'un insulaire vit et meurt fidèle à son sang. »

L'île connut ses « industries », liées à la production agricole et salicole. Deux raffineries à sel ont fonctionné à Ars et à Loix (construite en 1849) durant tout le XIXe siècle. À Ars, la raffinerie blanchissait le sel pour la pêche à la morue, en particulier celle des terre-neuvas. Le gros sel gris était aussi transformé en sel fin. Elle fonctionna de 1818 à 1925. À Saint-Clément, une usine traitait le varech. Il était chargé sur des wagonnets puis transformé en iode et en soude. L'usine ferma rapidement car la rouille décima le matériel, de nombreux témoignages nous racontent qu'il régnait, à ses abords, une odeur pestilentielle !

Compte tenu de l'importance du travail de la vigne, ce sont les vinaigreries et distilleries qui ont vu le plus leur nombre croître. En 1836, on dénombrait 37 vinaigreries et 51 distilleries. Elles furent anéanties par la crise viticole de la fin du siècle. Les moulins à vent étaient aussi nombreux sur le territoire, 73 en 1836, sans oublier les 3 moulins à marée, il en reste un de nos jours à Loix.

La transportation

La Nouvelle-Calédonie

En décembre 1871, la citadelle de Saint-Martin devint une prison d'État. Cette décision fit suite à la loi du 30 mai 1854, instituée par Napoléon III. Qualifiée de scélérate, cette loi mettait en place, avec son article 6, le terrible doublage. Chaque futur condamné à plus de huit ans devait résider dans la colonie le même temps que sa peine. Cet article broya les condamnés qui déjà avaient du mal à survivre à leur condamnation initiale.

Dès 1871, les communards furent déportés en Nouvelle-Calédonie dont le célèbre Henri de Rochefort. Il fit venir sa femme et ses enfants qui fréquentèrent l'école communale de Saint-Martin. Puis il embarqua sur *La Virginie* et arriva en Nouvelle-Calédonie en 1873. Il s'en évada moins d'un an après…

En 1873, la citadelle devint un lieu d'enfermement de prisonniers de droits communs, spécialement les futurs bagnards qui, à partir de 1888, partirent vers La Guyane, nouvelle terre de bagne.

Les bagnards

Les condamnés, transportés (jugés par la cour d'assises), relégués (multirécidivistes, même de menus larcins) et des déportés politiques (complot, espionnage, trahison) étaient transférés alors de toutes les prisons de France pour attendre, dans les murs de la citadelle, les deux départs annuels vers le bagne.

Après une nuit à la prison de La Rochelle, les convois se faisaient à pied. Les détenus menottés arrivaient encadrés par des policiers en grappe au milieu des passagers des vapeurs qui assuraient la liaison entre La Rochelle et Ré. À partir de 1933, les convois partaient de La Pallice pour éviter cette confrontation.

Au fil des années, ce ne sont pas moins de 70000 futurs forçats qui firent résonner leurs sabots sur les pavés du port. Parmi eux, des personnages célèbres: Alfred Dreyfus, accusé de haute trahison fut incarcéré à Saint-Martin du 18 janvier au 21 février 1895. Guillaume Seznec, Henry Charrière dit Papillon, Eugène Dieudonné passèrent également par Saint-Martin.

La détention dans la citadelle était qualifiée d'avant-goût du bagne. Les détenus, dès leur arrivée, étaient affublés d'un numéro qui remplaçait leur identité et de vêtements de droguet sur lesquels était cousu le numéro d'écrou. Le travail était imposé : fabrication manuelle d'émouchettes pour les chevaux de l'armée, de sacs en papier ou en toile, d'étoupes, camails et préparations de plumes (même si à la prison de Fresnes, cette activité avait été supprimée à cause de sa toxicité).

Deux promenades au pas cadencé rythmaient leurs journées. Le courrier, rédigé sur une feuille réglementaire, était censuré. Le petit-fils de Guillaume Seznec, Denis Seznec, a pu ainsi retrouver de nombreuses lettres écrites par son grand-père qui ne furent jamais expédiées de la citadelle. Les visites ne duraient que vingt minutes chaque semaine. Le soir, après la fouille, nombre de condamnés avaient les chevilles attachées par des fers sur des *barres de justice* fixées au bat-flanc. Le mauvais état de santé des détenus fut d'ailleurs pointé par le médecin de la citadelle.

Cette sévère discipline changeait un peu à l'approche des départs pour la Guyane. Dans le courant du XIXe siècle, les embarquements se faisaient du petit port attenant à la citadelle. Ce système fut abandonné, car les remparts étaient trop hauts, et les transbordements périlleux. Dans l'expectative de l'appareillage, l'ordinaire s'améliorait un peu : les rations contenaient de la viande et un quart de vin pour fortifier les prisonniers avant le terrible voyage dans les cages du bateau bagne le *Martinière*. Malgré les contrôles médicaux, certains détenus en mauvaise santé embarquaient. Une carte postale, notamment, montre l'embarquement d'un forçat cul-de-jatte.

Les départs

Le jour du départ, les futurs bagnards étaient rasés, chacun portait sur ses épaules son paquetage blanc, et le funèbre convoi partait de la porte royale de la citadelle pour rejoindre le port de Saint-Martin par le petit parc de La Barbette. Les fortes têtes étaient enchaînées et placées en premier, le groupe refermé par les relégués reconnaissables à leurs chapeaux.

Ces journées sont gravées dans la mémoire de la ville. De nombreuses familles sont venues dire adieu à leur être cher, des journalistes et photographes de journaux à sensation tels *Police-Magazine* ou *Détective* envahissaient la cité, car ces départs marquaient l'opinion et la curiosité. Le long des quais, les magasins affichaient de grandes pancartes : « Ici, cartes postales du bagne » ; une carte postale fit fureur : un fac-similé de la dernière lettre de Dreyfus à son épouse… Aucune évasion n'a été possible : chaque convoi de 600 prisonniers était entouré de tirailleurs sénégalais baïonnette au canon, en renfort des forces de l'ordre. Les condamnés embarquaient dans des vapeurs, dont le *Coligny*, qui rejoignaient le *Martinière* ancré dans le pertuis Breton.

Le transbordement se faisait à couple, en classant les forçats qui ne bougeaient plus jusqu'en Guyane pour être ensuite répartis entre Saint-Laurent-du-Maroni, Cayenne ou sur les îles du Salut. C'est le décret-loi du 17 juin 1938 d'Albert Lebrun, président de la République, qui proclama la fermeture du bagne.

Voici le témoignage d'Eugène Dieudonné publié dans son livre, *La vie des forçats,* en 1930 :

« Le bagne de Saint-Martin-de-Ré s'éveille dans un bruit inaccoutumé. Chacun cause bruyamment au nez des gardiens, contents de ce départ qui va leur donner quelques semaines de répit. 400 forçats et 200 relégués sont maintenant dans la cour. Ce n'est pas une mince affaire que de les mettre en ordre 4 par 4. L'appel n'en finit plus. Au dernier moment, on fait sortir des cachots les fortes têtes. La grande lumière du jour les aveugle. Ils sont pâles et maigres et leurs jambes flageolent. Eux seuls sont enchaînés. »

De 1890 aux années trente

Visites présidentielles

Le 18 août 1890, l'île de Ré reçut une de ses premières visites médiatisées sur un plan national : le président Sadi Carnot se rendit sur l'île après avoir inauguré le nouveau port de La Pallice et de La Rochelle. Entouré de nombreux officiels, Sadi Carnot arriva à bord de l'aviso *l'Élan* sur les quais de Saint-Martin. Une fois à terre, le cortège partit en direction de La Couarde puis Ars. Il déjeuna ensuite au phare des Baleines accompagné de tous les maires de l'île. Deux places Carnot remémorent cet événement dans les villages traversés. Le 26 avril 1897, une nouvelle visite présidentielle enchanta les Rétais : la venue de Félix Faure escorté par les frères Lumière et leur caméra, convoyés sur le même navire que leurs prédécesseurs. Cette visite fut marquée par un drame survenu à La Flotte lorsqu'un câble d'une tribune montée pour recevoir les autorités se rompit et décapita un spectateur. La tournée s'acheva par un embarquement de Sablanceaux.

L'Économique des Charentes

Le grand bouleversement de cette fin de siècle pour l'île de Ré fut la mise en service du train, le 9 juillet 1898. Le projet avait près de 100 ans ! En effet, dès 1877, le Conseil Général en avait lancé l'idée pour transporter des marchandises telles que le vin, le sel ou le charbon. Le programme fut validé à la suite du décret du 20 janvier 1893 qui reconnut son utilité publique. Cette ligne à voie étroite traversait toute l'île, desservant Sablanceaux aux Portes, exception faite pour Loix où l'arrêt se situait au pont du Feneau. Longue de 37 kilomètres, la traversée se faisait en plus de deux heures dans le meilleur des cas par la société qui appartenait au groupe Jencard, *Les Chemins de Fers Économique des Charentes* (qui gérait 886 kilomètres de lignes réparties dans les deux Charentes). Chaque station était matérialisée par un simple bâtiment, mais aussi, comme pour Saint-Martin, une vraie gare avec différents embranchements pour mener les rames vers les quais du port ainsi qu'un dépôt-atelier et des plaques tournantes. L'île de Ré était un très bon territoire pour faire rouler un train : très peu de dénivelés et de courbes, à part pour suivre l'architecture des ports et un unique pont à Loix déjà existant. Les portes des fortifications de Saint-Martin permettaient même le passage du train sans toucher à l'existant. Dès le début, le trafic fut très important. En 1899, plus de 145 000 billets furent délivrés et plus de six mille tonnes de fret transportées. Les trains étaient composés de locomotives fabriquées par les ateliers *Corpet-Louvet,* il y en eut jusqu'à cinq, et de voitures de première classe puis des mixtes et de deuxième classe. On trouvait aussi des wagons pour les marchandises, plats ou couverts, contenant un compartiment réservé au service postal. L'ensemble était peint en brun, le matériel à chargement en gris. En 1892, on allongea la ligne pour desservir le phare des Baleines et transporter les premiers baigneurs.

Ce train fut une entreprise qui donna du travail à de nombreux Rétais : par exemple, à son ouverture, on comptait un chef d'exploitation et dix chefs de gares dont six femmes, cinq conducteurs, un chef mécanicien épaulé de quatre mécanos chauffeurs et quatre ouvriers, et enfin une douzaine de cantonniers. L'histoire de ce petit train, surnommé le *tortillard*, est ponctuée d'anecdotes croustillantes : déraillements, retards à répétitions, accidents avec des ânes et des vaches, télescopages dans des locaux faute de freins efficaces, etc. Le glas du train sonna dans les années trente pour plusieurs raisons : l'avènement des automobiles et des cars qui transportaient beaucoup plus rapidement les voyageurs, l'entretien des voies qui était un dur labeur surtout à cause de la corrosion saline et le déclin du matériel. Il reste malgré tout beaucoup de nostalgie de ces trajets cahin-caha au gré des horaires peu respectés. On peut encore de nos jours voir plusieurs vestiges : la gare d'Ars sur le port, le terminal des Portes et nombreuses rues qui rappellent ce passé ferroviaire.

Le début du siècle marqua l'essor des cartes postales. On compte, rien que pour l'île de Ré, plus de douze mille cartes anciennes éditées. Présentant des scènes de vies quotidiennes, du petit train, des embarquements de bagnards, de concours de châteaux de sables, etc. Ces cartes sont aujourd'hui les témoins de ces changements majeurs.

Un naufrage marqua l'entrée dans le nouveau siècle, le 16 janvier 1905, le 4 mâts en acier *Le Gers* se brisa sur les grandes banches situées au sud-est d'Ars. Affrété par la maison Bordes & fils, le navire avait quitté le Chili quatre mois auparavant avec une cargaison de nitrate qu'il devait livrer à La Rochelle et à Bordeaux. Les 31 hommes d'équipage durent patienter toute la nuit agrippés à la mâture, les secours qui arrivèrent le lendemain matin à bord du chalutier *La Georgette* sauvèrent les marins, mais pas le chargement.

Peu avant la Première Guerre mondiale, le 28 décembre 1913, un autre naufrage survint : le *Dugong*, chalutier à vapeur en provenance d'Arcachon. Son capitaine confondit les lumières des habitations d'Ars avec celles de La Pallice. Son bâtiment s'échoua dans une écluse d'Ars sans faire de mal à l'équipage composé de 11 hommes. Ce n'est que le 9 octobre 1915 que l'épave fut renflouée et amenée dans le port d'Ars.

Après la guerre, un naufrage, qualifié de plus grande catastrophe maritime française, a marqué les esprits. Il s'agit de la perte du paquebot *Afrique* de la Compagnie des Chargeurs

Réunis. D'une longueur de 119,17 mètres, ce paquebot construit en 1907 assurait un transport mixte : 602 passagers – militaires, fonctionnaires, femmes et enfants – et 135 membres d'équipage et 500 tonnes de marchandises (colis postaux, produits manufacturés, etc). La ligne de croisière de l'*Afrique* se situait entre Bordeaux, Dakar et Tenerife qu'il parcourait trimestriellement. Le 9 janvier 1920, le navire quitta son mouillage du Verdon. Vers 11 heures, le chef mécano prévint le commandant de la présence d'une voie d'eau. Le paquebot fut dérouté vers La Pallice pour procéder à des vérifications. Une forte tempête se leva entraînant une dérive non contrôlée vers le plateau de Rochebonne où était ancré un bateau-phare qui signalait les hauts fonds. La mer était tellement mauvaise que le cargo postal *Le Ceylan*, de la même compagnie, ne put venir en aide malgré son changement de route pour porter secours. Dans la nuit, l'*Afrique*, sans propulsion, fut projeté à plusieurs reprises contre le bateau-phare créant une importante voie d'eau sur le flanc du navire qui fut fatale. L'*Afrique* sombra rapidement. Seulement 34 personnes ont survécu à ce drame, un passager et 33 membres d'équipage. Pendant des jours, l'océan a charrié des corps sur le littoral.

L'année 1925 laissa un terrible souvenir dans la mémoire des Rétais : l'agonie du *Cristina Rueda*. Le 24 février, ce cargo espagnol avec 19 personnels d'équipage, partit de Paimbœuf en direction de l'Espagne et s'échoua à cause d'une violente tempête. Les secours ne purent rallier le navire tant la mer était mauvaise. De la côte Boitaise, les Rétais pouvaient voir les hommes désespérés, demandant de l'aide, qui s'étaient réfugiés dans les mâtures. Un groupe de Rétais mirent à l'eau, malgré les conditions, le canot de sauvetage qui était stocké aux Baleines. Certains marins ont passé deux jours et trois nuits enfermés dans la cambuse du *Cristina* en attendant les sauveteurs. Finalement, le lendemain, un canot de La Rochelle fut envoyé, mais il se retourna et fut jeté sur la plage de Gros Jonc quille en l'air. Le *Cristina Rueda* finit par se disloquer sous la furie de la mer. Le bilan fut lourd: 14 membres d'équipage et 5 sauveteurs périrent dans d'atroces conditions.

La Grande Guerre

Au milieu de ces naufrages, la Grande Guerre appela son lot de Rétais dont les nombreux noms figurent sur les monuments aux morts, érigés dans chaque village. Le déclin économique de l'île fut accentué par cette période difficile. Les embarquements pour la Guyane furent interrompus, car la citadelle devint un des lieux d'internement des prisonniers de guerre dont le premier convoi de 145 Allemands arriva le 15 septembre 1915. Le 2 janvier de cette année, la 13e batterie d'artillerie quitta Saint-Martin pour le front, entouré d'une foule venue célébrer le départ de ces soldats. Le 14 février 1915, un groupe de 80 soldats français blessés arriva à l'hôpital de Saint-Martin. On fit appel à la générosité ancestrale des Rétais pour leur venir en aide. Durant le conflit, un journal fut créé pour maintenir le lien entre les lignes de combat et les familles: *Le Soldat Rétais*. Un orphelinat de guerre ouvrit ses portes à Saint-Martin accueillant de nombreux enfants. Ils furent formés, entre autre, au métier de cordonnier. À la fin de la Grande Guerre, quelques poilus du Bois-Plage créèrent l'Union Sportive Boitaise qui, désormais, proposait des initiations aux sports et aux amusements plutôt que des exercices militaires…

On peut découvrir de nos jours un imposant ouvrage qui témoigne de toute la détresse des familles endeuillées et de la solidarité insulaire. Il s'agit du monument aux morts de La Couarde. Cet édifice est dû à la volonté d'un homme : Gaston Bonnin, instituteur du village. Son unique fils, Roger, gradé sous-lieutenant et honoré de la croix de guerre, mourut en juillet 1917 à la suite d'un vol d'entraînement. Monsieur Bonnin remua ciel et terre pour que le monument se trouve en face de l'école, symbole de la laïcité. Il racheta l'actuel square et en fit don à la municipalité sous certaines conditions : que ce terrain devienne une place publique portant le nom de son fils, que le monument aux morts y soit érigé et que son entretien soit à la charge de la commune. Gaston Bonnin apporta une somme de 1 000 francs pour lancer une souscription municipale à laquelle plus de 185 Couardais ont participé. L'entraide ira jusqu'à aider à la réalisation du monument, les maçons du village et les habitants se mobilisèrent pour créer le square : 98 administrés ont ainsi travaillé plus de 130 journées. L'architecture de l'édifice fut imaginée par un estivant venant depuis fort longtemps dans la commune, Jules Godefroy, qui dessina sur le mur d'un chai un projet avec un aigle, symbole de l'armée allemande terrassée.

Déclin économique et essor touristique

Le début du XXe siècle est marqué par un fort exode de la population rétaise. À cela plusieurs causes : la révolution industrielle et le dépeuplement des campagnes françaises qui n'épargnèrent pas Ré. Son commerce maritime fut aussi sévèrement touché. Une autre cause fut le manque de variété des sols cultivés : de la vigne et des légumes de saison, contrairement aux exploitations du continent qui outre leurs tailles, pouvaient être fertilisés pour de nouvelles cultures.

Le négoce du sel était aussi sur le déclin. La production rétaise ne supportait plus la concurrence des sels exploités sur le continent, en Bretagne et dans le Midi. La récolte mécanique prit le dessus sur cette activité manuelle qui subissait les affres de la météo.

Alors que les bains de mer étaient en exergue sur la côte, l'île de Ré se dévoila plus tardivement au public des baigneurs. Réputée austère et rude, passage obligé pour le bagne, l'île n'attirait pas les grandes foules. Les plages de La Couarde séduisirent les premiers *baigneurs* (touristes) quand des artistes ont participé à sa promotion comme le géographe Elisée Reclus, venant en vacances chez son gendre, peintre et anarchiste, William Barbotin. La venue de familles russes, américaines et même polonaises sont notées dans les journaux du début du XXe siècle. Il semble que la première voiture sur l'île arriva en 1908.

Les plages commencèrent à être aménagées, avec des cabines, des cafés et plusieurs chalets qui furent montés sur les dunes de La Couarde, dont un construit par M. Macabiou dans lequel la fameuse Mistinguett vint passer quelques jours. Elle laissa son nom au chalet qui fut détruit comme les autres lors de la Seconde Guerre mondiale car ils représentaient des amers pour d'éventuels débarquements. On trouvait également le *Casino* à La Couarde et sur les plages du Bois, des dancings avec une vue imprenable sur l'océan… Les frairies étaient un enchaînement d'animations estivales qui parcouraient, chacune à leur tour, chaque village. Le départ était donné avec le pèlerinage à la Vierge du 6 août à la chapelle Saint-Sauveur située à La Noue.

Un journaliste parisien acheta une maison à Saint-Clément-des-Baleines : Henri

Béraud. Il participa sans doute à valoriser l'île dans le milieu littéraire parisien.

En 1921, la caserne Toiras qui fait face à la citadelle de Saint-Martin changea d'affectation. D'une garnison militaire qui accueillait deux compagnies : le 123e régiment de ligne et le 14e régiment d'artillerie, le bâtiment, construit en 1685, devint une colonie de « Vacances Populaires Enfantines » jusqu'en 1939.

Les années 1930

Durant les années trente, l'île n'était pas encore spécialement aménagée pour recevoir des masses de touristes. Le logement chez l'habitant était la tradition, ce qui permettait aux Rétais d'améliorer l'ordinaire et compenser les crises salicoles et agricoles. En 1927, l'homme politique Pierre Taittinger créa le préventorium Louise de Bettignies dans l'hôtel des Gouverneurs à Saint-Martin puis la colonie de la Grainetière à La Flotte. On pouvait alors distinguer trois catégories de personnes : les insulaires, les baigneurs des « vacances sociales » et les plus aisés. Les villages commencèrent à organiser des spectacles et représentations pour les touristes. Ce ne sont pas moins de douze colonies qui s'installèrent, précurseurs du tourisme de masse qui apparaîtra après 1945. La mise en service de liaisons maritimes régulières entre Ré et le continent ont aidé à l'essor du tourisme. Depuis 1835, la liaison était assurée par des vapeurs. À partir de 1945, les jonctions furent assurées par des bacs automoteurs. Dès 1936 et les fameux congés payés, l'île voit sa cote monter. On avait déjà recensé 10 000 touristes en 1931. À partir de cette date, chaque campeur devait s'acquitter d'un droit d'1 franc/m^2 pour utiliser les terrains municipaux.

La fin du XXe siècle.

Le vimer de 1941

Au début de l'occupation, le 16 février 1941, un vimer (raz de marée) s'abattit sur l'île et perça la digue du Boutillon, entre La Couarde et Ars, qui avait déjà été endommagée par une forte tempête en 1940. L'heure n'étant pas à la remise en état des jetées, l'eau monta, en particulier au Martray et aux Portes. On connaît de nombreux clichés où des Portingalais se déplacent en barque dans les rues du village.

Ce raz de marée eut des conséquences sur toute la côte atlantique, même les quais de La Rochelle furent submergés. L'onde de marée se répercuta jusqu'à la base aérienne de Rochefort en détruisant un important stock de sacs de ciment apportés par les Allemands.

La Seconde Guerre mondiale

Pendant la Seconde Guerre mondiale, Ré a encore subi les conséquences de sa position géographique. Dès juillet 1940, l'île fut occupée par des troupes de l'armée de terre allemande. L'édification de la base sous-marine à La Pallice s'inscrivait dans la construction du mur de l'Atlantique, la flottille de U-Boat nécessitait une bonne garde que constituait le regroupement des îles de Ré, Oléron et La Rochelle.

Ré fut occupée par la Kriegsmarine en 1942 et ce jusqu'à la fin de la guerre. 37 ouvrages furent construits sur les côtes rétaises ainsi qu'un système de surveillance des pertuis. L'organisation Todt nomma les positions des blockhaus, en partant de Saint-Martin d'Est en Ouest, de prénoms féminins numérotés de 402 à 443.

Les Allemands remirent en route le petit train délaissé, créant de nouvelles voies pour le travail de fortification. L'état-major était situé dans une maison couardaise jouxtant un imposant blockhaus caché dans le village. Au Bois, se trouvait le responsable de l'artillerie. Ars était voué aux observations et au commandement. La tour Karola, haute de 26 mètres, érigée en 1943, dans la forêt de la Combe à l'Eau, portait un télémètre rotatif sur une coupole de 11 mètres de long. L'ensemble était défendu par deux canons de 203 mm débarqués d'un croiseur. Le même équipement assura la défense de l'île de Groix.

Deux radars *SeeTakt*, d'une portée de 120 km, se trouvaient au nord de l'île. L'un installé le 9 mai 1942 sur le vieux phare des Baleines et l'autre sur la dune, posé sur une assise octogonale en béton. Ils ont aujourd'hui disparu.

Les hommes valides furent mobilisés dès le mois de septembre 1939, la faible population restante soumise au travail obligatoire était chargée de corvées pour travailler à l'édification du réseau défensif. Les plages furent envahies « d'asperges de Rommel », systèmes en béton, pieux métalliques ou même rails du train censés empêcher un débarquement. Jusqu'en 1944, des casemates (petits blockhaus partiellement enterrés à l'épreuve des tirs ennemis) vont êtres construites à La Couarde.

Les sorties en bateau étaient interdites, mais pas la pêche à pied, ce qui, une nouvelle fois, permit aux Rétais de se nourrir.

Même s'il fallait un ausweis pour rejoindre l'île, l'occupation allemande se passa bien pour les rétais, aucun incident majeur n'a été déclaré, et malgré une défense active de la base de La Pallice, les bombardements de Royan et la poche de La Rochelle, l'île ne connut aucune destruction.

Ré ne fut libérée que le 9 mai 1945.

L'avènement du tourisme

Les années 1950 marquèrent l'essor du tourisme Rétais et le déclin des activités primaires. C'est à cette époque que le dancing La Pergola devint une étape incontournable des nuits estivales. Que de générations ont dansé à ciel ouvert, concrétisant leurs conquêtes sur la plage toute proche !

La pratique du camping étant chose désormais courante, les achats de maisons s'envolèrent. Les Rétais comprirent très vite qu'il y avait là une nouvelle façon de gagner leur vie. Plutôt que cultiver un lopin de sable, il était bien plus rentable de le louer à la saison. En 1963, 32 terrains de camping furent créés, ils n'étaient que 8 un an auparavant ! À cette époque, pratiquement la moitié des maisons sur l'île étaient déjà des résidences secondaires, et il y avait peu d'hôtels. On dénombra en 1968 plus de 75 000 vacanciers pour le 15 août, ce qui multipliait presque par dix la population rétaise.

Cette arrivée touristique fut une véritable révolution pour l'organisation de l'île, les terres et les habitations virent leurs prix flamber. Des infrastructures ont été mises en place pour répondre aux nouveaux besoins : en 1958 fut construit aux Evières le premier château d'eau et une canalisation souterraine fut installée entre l'île de Ré et le continent en 1965 pour apporter l'eau courante.

Les ports rétais, dont le trafic avait déjà beaucoup diminué, ont connu un autre coup de massue : la construction en 1960 de l'appontement de Sablanceaux où accostèrent tous les bacs.

Les grands événements

Plusieurs grands évènements marquèrent la décennie des années 1960, ils participèrent sans doute à la médiatisation de cette île jusqu'alors réputée pour être « l'île des bagnards ».

On procéda au démontage du paquebot *Le Champlain* coulé pendant la guerre pour per-

mettre l'agrandissement du môle d'escale de La Pallice.
En 1962, le réalisateur Darryl Zanuck choisit les plages de Sablanceaux et de La Conche pour tourner quelques scènes de son film *Le jour le plus long*, engageant de nombreux Rétais pour faire les figurants.
La même année, en août, un puma dénommé Billy s'échappa d'un cirque de passage, il ne fut repris que 3 mois plus tard entraînant un grand nombre de reportages et de rumeurs.
En 1967, une évasion de la prison de Saint-Martin fit le tour de l'Hexagone : Claude Tenne, membre de l'OAS, caché dans une malle, déclencha le plan Rex avec quelques 150 000 policiers et gendarmes à ses trousses.

Durant les années soixante-dix, la problématique de desserte de l'île devint de plus en plus cruciale. Depuis plus d'une vingtaine d'années, le système de bacs n'avait guère évolué : 380 véhicules par bac au maximum, des horaires dépendant des conditions météorologiques, des grèves répétées des personnels, d'importants bouchons lors de la saison estivale, des problèmes d'évacuations sanitaires, etc.

Vint alors une vraie révolution pour l'île : la construction du pont. Cela faisait un très long moment que l'on se posait la question. Déjà en 1911, un tunnel fut étudié. On ne compte plus les débats, projets et inventions pour parfaire la jonction Ré continent.

C'est en 1978 que le Conseil Général décida la réalisation d'un pont sur la base de trois arguments : les liaisons sont présentées comme inadaptées à la demande, les accès terrestres jugés médiocres et enfin, le domaine de navigation des bacs était similaire à celui des navires marchands de la zone portuaire de La Pallice, ce qui posait des problèmes de logistique et de sécurité.

Ce projet divisa d'abord les Rétais puis pléthore d'acteurs économiques et politiques. L'affaire fut portée devant la justice, des enquêtes d'utilité publique, un nombre astronomique de publications, une étude d'impact réalisée, entre autres par le commandant Cousteau, furent anéanties par un arrêté préfectoral du 24 août 1984 qui décréta l'utilité publique d'un pont. La société Bouygues commença sa réalisation dans la plus parfaite illégalité malgré un lever de bouclier qui rassembla de nombreux protecteurs de l'île et des journalistes de la France entière. Le tribunal de La Rochelle considéra que la poursuite des travaux n'avait pas porté atteinte aux libertés fondamentales… Même l'émission de télévision *Droit de réponse* s'arrêta après un programme spécial dédié à l'épineux problème de l'aqueduc. À la fin novembre 1988, alors que l'ouvrage était achevé, le tribunal administratif statua sur les demandes tendant à l'arrêt des travaux. La justice a été bien plus longue que la réalisation du pont qui fut un record de construction : à peine 23 mois. Le 20 mai 1988, le dernier bac passa sous les piliers flambant neufs du pont, déjà protégé par son statut d'ouvrage public, emportant ainsi une histoire qui laisse beaucoup de nostalgie et un peu d'amertume…

Le saviez-vous ?

Origines du nom Ré

On retrouve dans une cosmographie écrite par l'anonyme de Ravenne en grec au VIIe siècle, traduite en latin au Xe siècle, les îles de la côte occidentale de la Gaule.

Parmi elles : Ratis. Ratis signifiait *fougère* en gaulois. Le T est devenu D et le A est devenu É.

Même origine étymologique : Pays de Retz (Pagus Ratensis) en Loire-Atlantique.

Dans les annales de Metz datant du Xe siècle, il est écrit que le duc d'Aquitaine Hunald se retira dans un monastère *quod radis insula situm est.*

Insula Rhea : île de la déesse de l'abondance.

Déesse Réha, vient sans doute de supputations poétiques.

Ra ou Ré pour les Égyptiens signifie soleil.

Noms révolutionnaires des communes rétaises

C'est en 1789 que les différentes communes de l'île de Ré changèrent de nom :

Sainte-Marie-de-Ré : L'Union
La Flotte : La Constitution
Saint-Martin-de-Ré : La Montagne
Le Bois-Plage : La Vérité
La Couarde-sur-Mer : La Fraternité
Loix : La Loi
Ars-en-Ré : La Concorde

Puis, en l'An II de la République, (1793) l'île de Ré devint l'île de la République et les deux portes de Saint-Martin furent également rebaptisées : porte de la Fraternité pour celle des Campani et porte de la Constitution pour la porte Toiras.

Sobriquets des Rétais

Certains documents attestent que les Rétais usaient de curieux sobriquets pour s'appeler entre eux :

Les habitants de Sainte-Marie-de-Ré : Les Courrins, La Flotte : les Marochons, Saint-

Martin-de-Ré : les Faquins, Le Bois-Plage : les Loups, La Couarde-sur-Mer : les Sorciers, Loix : les Potets, Ars-en-Ré : les Casserons (celui-ci n'a pas changé), Les Portes : les Saboureaux.

Les anciennes mesures rétaises

L'île de Ré a marqué sa spécificité jusqu'à l'emploi de ses propres mesures. Celles-ci ont évolué au gré des siècles puis furent détrônées lors de l'arrivée d'unité de poids et mesure.

La bouellée : la bouelle est un instrument agricole équivalent à la houe à main. On mesurait la superficie des champs au temps passé par un homme à labourer à la bouelle.

Le cep : on estimait la superficie d'une parcelle de culture de vigne au nombre de ceps plantés. L'habitude était également de compter en ceps pour différentes cultures telles que les blés ou les prés. Cette mesure sera effective jusqu'au XXe siècle.

Le quartier : un quartier représentait 4 000 ceps, un quarteron valait 1 000 ceps.

L'aire saunante : elle servait à mesurer la surface productive saline, d'une surface approximative de 25 m^2. Une vingtaine d'aires saunantes représentait une livre de marais.

La velte : cette mesure s'appliquait sur tout le royaume, mais pour l'île de Ré, elle représentait 7,60 litres.

Les futailles : les tonneaux étaient la mesure presque universelle, devenant presque une monnaie, on achetait un prix fait au tonneau. Les futailles, de capacités très différentes, pouvaient porter des noms tels que barriques, pipes…

La pinte : unité de mesure pour la vente au détail de vins et autres liquides. Une pinte contenait 2,10 litres, une chopine la moitié, soit 1,05 litres.

La basse : ce petit tonnelet était aplati sur une des faces pour son transport à dos d'âne ou de cheval. Il représentait la mesure pour la vendange et le sel. Portées par paires pour répartir le poids, elles pesaient entre 40 et 50 kilogrammes chacune. Deux basses pleines formaient une charge de cheval.

Liste non exhaustive des raz de marée ou vimers *qui ont envahi l'île de Ré*

1537 : l'île a failli être totalement submergée.
1591 : la mer arrive au pied de la citadelle à Saint Martin.
1645 : les villages d'Ars, Loix et Les Portes sont submergés.
1699 : aux Portes, les sauniers se rappellent que la mer avait emporté leurs outils jusqu'a la place de l'église.
1730 : terribles ouragans, de nombreuses digues sont détruites.
1788 : la mer est passée sur toutes les terres.
1808 : vimer terrible sur Ars et Les Portes.
1811 : quatre jours de tempêtes anéantissent le nord de l'île.
1838 : la mer submerge le nord de l'île et une partie de Sainte-Marie.
1860 : digue coupée au Martray, la mer a pénétré sur près d'un kilomètre dans les terres.
1924 : raz de marée dans le golfe de Gascogne, Ré n'est pas épargnée.
1935 : une tempête envahit tous les marais de la côte Est de Loix.

1941 : rupture d'une partie de la digue du Boutillon à La Couarde, le village des Portes est inondé.
2010 : La tempête Xynthia a ravagé les digues et noyé plusieurs villages del'île.

Noms de certaines positions fortifiées allemandes sous l'occupation

Saint-Martin-de-Ré : Agathe
Fort de la Prée : Bertha
Sainte-Marie : Ella
La Couarde : Herta
La redoute du Martray : Isle
Ars-en-Ré : Karola
Phares et Pointes des Baleines : Katy
Fort du Grouin : Martha

L'épave

Voici un extrait d'un conte écrit par Guy de Maupassant qui se déroule sur l'île de Ré. Il s'agit du naufrage du *Marie-Joseph*, histoire contée par son vieil ami, Georges Garin, qui vint inspecter le navire pour le compte de sa Compagnie d'Assurances Maritimes.

« Et tout d'un coup, le capitaine, étendant la main droit devant nous, me montra, en pleine mer, une chose presque imperceptible et me dit :

– Tenez, voilà votre navire !

– Le *Marie-Joseph* ?

– Mais oui.

J'étais stupéfait. Ce point noir, à peu près invisible, que j'aurais pris pour un écueil, me paraissait placé à trois kilomètres au moins des côtes.

Je repris :

– Mais capitaine, il doit y avoir cent brasses d'eau à l'endroit que vous me désignez ?

Il se mit à rire :

– Cent brasses, mon ami !... Pas deux brasses, je vous dis !...

C'était un Bordelais. Il continua :

– Nous sommes marée haute, neuf heures quarante minutes. Allez-vous-en par la plage mains dans vos poches, après le déjeuner de l'hôtel du Dauphin, et je vous promets qu'à deux heures cinquante ou trois heures au plusse vous toucherez l'épave pied sec, mon ami, et vous aurez une heure quarante-cinq à deux heures pour rester dessus, pas plusse, par exemple : vous seriez pris. Plusse la mer elle va loin et plusse elle revient vite. C'est plat comme une punaise, cette côte ! Remettez-vous en route à quatre heures cinquante, croyez-moi, et vous remontez à sept heures et demi sur le *Jean Guiton* qui vous dépose ce soir sur le quai de La Rochelle.

Je remerciai le capitaine et j'allai m'asseoir à l'avant du vapeur pour regarder la petite ville de Saint-Martin, dont nous approchions rapidement.

Elle ressemblait à tous les ports en miniature qui servent de capitales à toutes les maigres îles semées le long des continents. C'était un gros village de pêcheurs, un pied dans l'eau, un pied sur terre, vivant de poissons et de volailles, de légumes et de coquilles, de radis et de moules.

L'île est fort basse, peu cultivée, et semble cependant très peuplée ; mais je ne pénétrai pas dans l'intérieur.

Après avoir déjeuné, je franchis un petit promontoire ; puis, comme la mer baissait rapidement, je m'en allai, à travers les sables, vers une sorte de roc noir que j'apercevais au-dessus de l'eau, là-bas, là-bas.

J'allais vite sur cette plaine jaune, élastique comme de la chair et qui semblait suer sous mon pied. La mer, tout à l'heure, était là ; maintenant, je l'apercevais au loin, se sauvant à perte de vue, et je ne distinguais plus la ligne qui séparait le sable de l'Océan.

Je croyais assister à une féerie gigantesque et surnaturelle. L'Atlantique était devant moi tout à l'heure, puis il avait disparu dans la grève, comme font les décors dans les trappes, et je marchais à présent au milieu d'un désert. Seuls la sensation, le souffle de l'eau salée demeuraient en moi. Je sentais l'odeur du varech, l'odeur de la vague, la rude et bonne odeur des côtes. Je marchais vite ; je n'avais plus froid ; je regardais l'épave échouée, qui grandissait à mesure que j'avançais et ressemblait à présent à une énorme baleine naufragée.

Elle semblait sortir du sol et prenait, sur cette immense étendue plate et jaune, des proportions surprenantes. Je l'atteignis enfin, après une heure de marche. Elle gisait sur le flanc, crevée, brisée, montrant, comme les côtes d'une bête, ses os rompus, ses os de bois goudronné, percés de clous énormes. Le sable déjà l'avait envahie, entré par toutes les fentes, et il la tenait, la possédait, ne la lâcherait plus.

Elle paraissait avoir pris racine en lui. L'avant était entré profondément dans cette plage douce et perfide, tandis que l'arrière, relevé, semblait jeter vers le ciel, comme un cri d'appel désespéré, ces deux mots blancs sur le bordage noir : *MARIE-JOSEPH.* »

Guy de Maupassant
La petite Roque
Éditions Albin Michel
Le Livre de Poche

Chronologie

1137 : Elbe de Mauléon est seigneur de l'île de Ré.
1152 : Ré sous l'autorité anglaise, ainsi que l'Aunis et la Saintonge.
1180 : Raoul III devient seigneur de l'île de Ré.
1200 : Savary III de Mauléon reprit à vingt-cinq ans la seigneurie de l'île de Ré qui lui fut léguée par son père.
1228 : Amable de Mauléon, devient la première femme à la tête de l'île.
1268 : la seigneurie de Ré change de famille, elle devient la propriété des Thouars.
1270 : la Charte Guy de Thouars est approuvée par Charles VI.
1404 : l'île est rançonnée par les Anglais sous les ordres du Lord Arundel.
1457 : attaque de La Flotte par des vaisseaux anglais qui cherchaient à prendre La Rochelle.
1468 : l'abbaye des Châteliers est restaurée.
1537 : un vimer submerge totalement l'île de Ré.
1623 : Ré est devenue un camp retranché de l'armée protestante qui, pendant sa présence,

détruit complètement l'abbaye des Châteliers.

1627 : siège de La Rochelle et de l'île de Ré.

1682-1693 : construction des fortifications de Saint-Martin.

1695 : on a dénombré 16 566 habitants dans l'île de Ré.

1789 : de nouveaux noms sont donnés pour les communes rétaises.

1790 : une garde nationale s'organise dans l'île.

1792 : le 14 juillet, un arbre de la Liberté est planté aux Portes.

1760 : le 8 octobre, naissance de Gustave Dechézeaux.

1800 : déportation des prêtres réfractaires.

1831 : pic de la population rétaise : 176 976 habitants.

1834 : épidémie de choléra.

1839 : naissance, le 2 octobre, d'Ernest Cognacq à Saint-Martin.

1841 : début de la crise salicole.

1850 : invasion de l'oïdium qui détruit les plantations de vignes cultivées dans le sable.

1854 : mise en service du phare des Baleines, le 15 janvier.

1871 : la citadelle de Saint-Martin-de-Ré devient prison d'état après avoir reçu 600 communards.

1879 : épidémie de phylloxéra.
1890 : le 18 août, visite officielle de Sadi Carnot.
1895 : Alfred Dreyfus est incarcéré dans la citadelle de Saint-Martin.
1897 : visite présidentielle de Félix Faure, le 26 avril, accompagné des frères Lumière.
1898 : inauguration du petit train, l'Économique des Charentes.
1919 : visite de Georges Clémenceau, le 16 août.
1920 : naufrage du paquebot *Afrique* le 9 janvier.
1925 : naufrage du navire le *Cristina Rueda*, devant les plages du Bois-Plage.
1932 : fondation à La Grainetière du préventorium Louise de Bettignies.
1941 : le Martray est coupé en deux à cause d'un fort vimer, la mer envahit, le 16 février, le village des Portes.
1945 : l'île de Ré est libérée le 9 mai par le bataillon du 4e Zouaves.
1958 : construction du premier château d'eau dans la forêt des Evières.
1962 : tournage du film *Le jour le plus long*.
1965 : une canalisation souterraine est posée entre le continent et Ré pour apporter de l'eau.

1972 : dernière secousse ressentie d'un mini tremblement de terre.
1988 : ouverture du pont.
2010 : passage de la tempête Xynthia.

Remerciements

Je tiens à remercier tout particulièrement mon épouse Virginie pour sa patience et ses indispensables corrections.

Mais aussi : Jacqueline Armilhon sans qui rien de tout cela ne serait arrivé, Françoise Attaix pour ses renseignements et son amitié, Yvonne Berriau pour ses précisions sur les fortifications, André Diédrich pour le prêt de ses cartes postales, Alain Fillon, « patron » du Nescanard, Alain Gaudillat pour le prêt de sa carte ancienne, Jean-Baptiste Gournay pour sa précieuse aide professionnelle, Jean-Claude Héraudeau pour le prêt de ses documents anciens, Guy-Francois Jomain pour ses connaissances et documents sur les fortifications allemandes, Romain Naudin et l'équipe de Geste pour leur confiance, Pistache pour ses indispensables ronronnements, Jean-François Laurent pour sa relecture, Claude Rabanit, Gilles Roger, Olivier Roustaing pour son amitié et son soutien de tous les dimanches soirs, Jean Tardy pour son autorisation, les nombreuses personnes qui, au fil des publications, ont enrichi mes connaissances sur l'île de Ré et enfin, Marie-Louise, ma petite maman…

Bibliographie/ Sources

Autrefois, l'île de Ré, Monique Jambut, éditions France-Océane, 2005.
Bulletins des amis de l'île de Ré, divers numéros.
Cahiers de la Mémoire, GER, (groupement d'études rétaises), divers numéros.
Carte topographique de l'île de Ré, IGN, référence 1329 OT, 2003.
Cartes de l'île de Ré, Alain Gaudillat, éditions Palantines, 2004.
Charente Maritime Aunis, guide Gallimard, éditions Nouveaux-Loisirs, 1994.
Coiffes et bonnets des Charentes, Christian Genet, Pierre Couprie, La Caillerie, 1989.
Cours fleuries et maisons blanches de l'île de Ré, Louis Suire, La rose des Vents, 1962.
Dictionnaire de l'île de Ré, Hervé Rocques, éditions Sud-ouest, 2004.
En liberté Ile de Ré, Jean Luc Andrei et Bruno Barbier, éditions Ouest-France, 1991.
Événements remarquables de la vie Rétaise, Germaine Mailhé, 1974.

Fortifications sur l'île de Ré, Alain Chazette, Alalin Destouches et Bernard Paich, éditions Histoire et fortifications, 2005.

Guide illustré de l'île de Ré, reproduction du guide de M. Boivin, éditions du Squall, 1979.

Ile de Ré, Inventaire topographique, Ministère de la Culture et de la Communication, Commission régionale de Poitou-Charentes, Imprimerie Nationale, 1979.

Ile de Ré, terre et mer, Jean-Pierre Pichot, Geste éditions, 2004.

La présidence de Felix Faure, Eric Lem, Imprimerie Froger, N° 7909, 1979.

L'abbaye cistercienne Notre-Dame de l'île de Ré, notice historique suivie de notes sur les sires de Mauléon et les vicomtes de Thouars, réédition Hier comme Maintenant, Rumeur des Ages 2001.

L'Essentiel, BLYP publications, divers numéros.

Les grandes heures de l'île de Ré, Bernard Guilloneau, Rupella, 1980.

L'île de Ré (côte de bronze), édité par le syndicat d'initiative de Saint-Martin-de-Ré. vers 1930?

L'île de Ré et côtes voisines aux temps préhistoriques, protohistoriques aux temps et à l'époque gallo-romaine, Emile Atgier, Imprimerie Monnoyer, 1910.

L'île de Ré histoire et géographie contemporaine, Céline Barthon, éditions Palantines, 2005.
L'île de Ré, Gilbert Martineau, éditions-R. Quémy, 1958.
L'île de Ré d'autrefois et d'aujourd'hui, René James et Louis Suire, éditions Mélusine, 1962.
La Libération La Rochelle Ile de Ré, Album des deux Charentes, Christian Genet Bernard Ballanger, Christian Genet éditeur, 1994.
Le mur de l'atlantique, Rémy Desquesnes, éditions Heimdal, 1976.
Le pénitencier de Saint-Martin-de-Ré, Monique Jambut, Editions France Océane, 1998
Le Phare de Ré, divers numéros.
Les Grands naufrages en Charente-Maritime 1885-1940, Yves Le Dret, éditions Les Chemins de la Mémoire, 2003.
Les phares et balises un défi de 400 ans, Yves Le Dret, éditions Les Chemins de la Mémoire, 2004.
L'île de Ré à travers les siècles, réédition l'Encre et la Pierre, 2004.
L'île de Ré, mémoire en images, Pierre Philippe Robert, éditions Alan Sutton, 1995.
Rivedoux-île de Ré, mémoire en images, Gérard Nicolleau, éditions Alan Sutton, 2005.
Notes sur l'île de Ré, Eugène Fromentin, réédition Geste éditions, 2005.
Prêtres déportés à l'île de Ré, Simone Gaillard,

Paroisse de Saint-Martin-de-Ré, 1989.
Se souvenir de Saint-Martin-de-Ré, André Diédrich, Geste éditions, 2006.
Sel et sauniers d'hier et d'aujourd'hui, Pierre Tardy, G E R (groupement d'études rétaises), 1987.
T'o qu'o l'éye, tomes I et II, Lucien Bonaudet, Marcel Bouyer, Jean-Pierre David, Guilbot Louisette, Lucien Bonnaudet, 1994 et 1995.
Voyage promenade à travers Ré île accueillante, Charles Justamon, imprimerie Jeanne D'Arc, 1930.

À l'heure où nous bouclons cet ouvrage, la mer a de nouveau envahi l'île de Ré. Cette nuit du 28 février 2010 restera longtemps gravée dans nos mémoires. Presque la totalité des digues ont explosé sous l'effet de trois phénomènes concomitants : un fort coefficient de marée, de très basses pressions atmosphériques et un vent fort soufflant du sud. Presque tous les villages ont été touchés, les champs ravagés et d'innombrables maisons inondées par l'eau de mer et la vase. Deux morts sont a déplorer.

Les anciens nous avaient pourtant prévenu, mais ces dernières trente années, peu d'attention a été portée aux digues, préférant les aménagements touristiques.

Comme l'écrivait si bien Confucius : « *la vraie faute est celle que l'on ne corrige pas* » ; alors espérons que cette catastrophe puisse faire changer les choses et que les élus, touchés cette fois ci dans leurs chairs, trouvent les arguments et les financements pour une véritable reconstruction.

La Couarde sur Mer, le 7 mars 2010.

Du même auteur

Partir au bagne, Geste éditions, 2005

L'ile de Ré photographiée du ciel, Geste éditions, 2008

Se souvenir de l'île de Ré, Geste éditions, 2008

L'île de Ré années 1950-1960-1970, Geste éditions, 2009

Ré, territoire atlantique, Geste éditions, 2009

Dans la même collection :

Petite histoire de Fort Boyard

Thierry Sauzeau

« Il serait plus facile de saisir la lune avec les dents » que de bâtir sur la longe... disait Vauban, au XVIIe siècle. C'est Napoléon qui se lança dans ce pari insensé et fit construire l'édifice sur le banc de sable. Aujourd'hui, au large de la Charente-Maritime, le fort Boyard s'élève toujours et rayonne internationalement grâce au jeu télévisé diffusé dans 52 pays. De l'histoire de la longe de Boyard, à la reconversion du fort dans le cinéma ou la télévision, en passant par son rôle militaire lors de la Première Guerre mondiale, cette Petite histoire retrace le passé de ce véritable symbole de la Charente-Maritime. Vous pourrez trouver en exclusivité de nombreuses photos de l'intérieur du fort, de l'installation du jeu télévisé et des plans de construction.

2009
édition brochée
11 x 18 cm
ISBN : 2-84561-528-1
8 €

Petite histoire

Fort Boyard

Thierry **Sauzeau**

Geste éditions

Dans la même collection :

Petite histoire du Marais poitevin

Éric Rousseaux

La grande histoire du Marais le plus connu de France. Créé par l'évolution naturelle et consolidée au fil du temps par la volonté de l'homme, le Marais poitevin perdure aujourd'hui surtout grâce à ses attraits touristiques et environnementaux. Situé au niveau de l'ancien golfe du Poitou, où se trouvait la mer, cette région est constituée à la base de sédiments fertiles.
Il devint donc une zone de culture vers le xe siècle grâce au retrait progressif de la mer. Napoléon 1er en fut un des principaux défenseurs, y voyant une grande voie d'eau parallèle à la côte Atlantique. Il fit creuser de très nombreux canaux au début du xxe siècle.

2009
édition brochée
11 x 18 cm
ISBN : 2-84561-529-8
8 €

Petite histoire

Marais poitevin

Éric **Rousseaux**

Geste éditions
Centre routier - 11, rue Norman-Borlaug – 79260 La Crèche
Diffusion-Distribution : tel. 05 49 05 83 50 - fax 05 49 05 83 52
Éditions : tel. 05 49 05 37 22 - fax 05 49 05 76 20
www.gesteditions.com

L'histoire de Geste éditions a commencé en 1992, du tout premier *Bestiaire poitevin* aux actuelles publications universitaires de la collection Pays d'histoire, un catalogue de plus de 600 titres est né façonnant aujourd'hui une identité culturelle entre Loire et Gironde: récits de vie, parlanjhe, monographies patrimoniales, beaux livres, carnets de voyages, etc., autant de collections qui témoignent de l'activité humaine en région.

De son nom d'origine, *La Geste Paysanne*, la maison conserve sa philosophie humaniste fondée sur l'étude des pratiques populaires, les arts et les sciences du langage. C'est la geste des pays de l'Ouest, source de territoires rêvés et imaginaires, d'une culture régionale révélée.

Parallèlement à son activité éditoriale, Geste éditions s'est spécialisé dans la diffusion de livres auprès des libraires du centre-ouest, elle représente désormais près d'une centaine d'éditeurs.

Achevé d'imprimer en Espagne
mars 2010

Dépôt légal : 1er semestre 2010